Herrn Prof. Weber

mit freundlichen

Grüßen

v. Gerd Bürgel

Auf dem Weg in die Demokratie

Vortragsreihe im Jahre 1996 im Braunschweigischen Landesmuseum
aus Anlaß des 50. Jahrestages des Landes Niedersachsen

Im Auftrage
der Braunschweig-Stiftung
des Braunschweigischen Landesmuseums
der Braunschweigischen Landschaft e. V.

herausgegeben von

Gerd Biegel

Braunschweig 1997

Veröffentlichungen des Braunschweigischen Landesmuseums 83
Herausgegeben von Gerd Biegel

Der Druck wurde entscheidend gefördert durch die Braunschweig-Stiftung und die Braunschweigische Landschaft e. V.

GEWIDMET DEM
FÖRDERER
BRAUNSCHWEIGISCHER KULTUR,
KUNST UND GESCHICHTE
REGIERUNGSPRÄSIDENT KARL-WILHELM LANGE

Inhalt

Vorwort

Am 1. November 1996 bestand das Land Niedersachsen ein halbes Jahrhundert. Mit der Verordnung Nr. 55 der Britischen Militärregierung wurde am 1. November 1946 das Land Niedersachsen gegründet, bestehend aus den Traditionsländern Braunschweig, Oldenburg, Schaumburg-Lippe und der ehemaligen Provinz Hannover. Damit erreichte eine Entwicklung ihren ersten Höhepunkt, die mit dem Ende des nationalsozialistischen Terrors im April 1945 ihren Anfang genommen hatte. Zwischen der Befreiung des Landes und dem Ende der Selbständigkeit des Landes Braunschweig lag eine entscheidende historische Phase, die im Rahmen der Veranstaltungsreihe im Jahr 1996 näher betrachtet werden sollte.

Dabei ging es nicht um nostalgische Momente der Erinnerung an *»alte Zeiten«* braunschweigischer Geschichte, sondern um die Darstellung ganz bestimmter Aspekte einer Entwicklung, die die Grundlage der gegenwärtigen demokratischen Gesellschaft legten. Es galt, eine wieder funktionsfähige Landesverwaltung aufzubauen, und am 21. Februar 1946 fand die erste ordentliche Sitzung des neu gebildeten Braunschweigischen Landtages statt, ein Meilenstein *»auf dem Weg in die Demokratie«*. Schon kurz nach Kriegsende regte sich auch die Kultur wieder, und im Chaos des Alltags begann ein reges kulturelles Leben, verbunden mit der Hoffnung auf einen zukunftsorientierten Neuanfang gesellschaftlichen Lebens. Trotz aller Schwierigkeiten durch Zerstörungen, Demontagediskussionen und Rohstofflieferungen nahm auch die Wirtschaft im Lande einen Neuanfang, der für die Versorgung der Bevölkerung ebenso wichtig war wie für die Existenzsicherung der Arbeitnehmer. Braunschweig verfügt über eine lange und traditionsreiche Geschichte, die zwar am 21. November 1946 mit der Auflösung des Landtages ein Ende ihrer staatlichen Selbständigkeit fand, jedoch keineswegs das Ende eines braunschweigischen Geschichtsbewußtseins bedeutete.

Diese Schwerpunkte der Geschichte des Landes Braunschweig waren zugleich die Themen, denen sich 1996 die Veranstaltungsreihe *»Auf dem Weg in die Demokratie«* widmete. Damit sollte über das gesamte Jahr den Anfängen der demokratischen Entwicklung und dem Neubeginn des Landes vor 50 Jahren gedacht werden. Die Veranstalter sind der Überzeugung, daß damit das entscheidende Jahr 1946 in angemessener Weise gewürdigt werden konnte und zugleich der jungen Generation verständlich gemacht wird, welche Bedeutung den Grundlagen unserer Demokratie für eine stabile Zukunft der Gesellschaft zukommt.

Die Vortragsreihe im Braunschweigischen Landesmuseum wurde veranstaltet von der Bezirksregierung Braunschweig, der Braunschweigischen Landschaft e. V. sowie dem Braunschweigischen Landesmuseum und ermöglicht durch die Förderung der Braunschweig-Stiftung. Zu danken ist daher den Verantwortlichen, Herrn Regierungspräsident Karl-Wilhelm Lange — dem zugleich diese Publikation zum Ende seiner Amtszeit gewidmet ist —, Herrn Oberbürgermeister Hermann Struck als Vorsitzendem der Braunschweigischen Landschaft sowie dem Vorstand und der Geschäftsführung der Braunschweig-Stiftung, Herrn Regierungspräsidenten Karl-Wilhelm Lange, Herrn Oberbürgermeister Werner Steffens, Herrn Abteilungsdirektor Helmut Frerichs und Herrn Oberregierungsrat Michael Rudolph.

Danken möchten wir für vielfältige Hilfe, Rat und Unterstützung insbesondere Frau Christiane Bockelmann sowie Herrn Stadtrat Hans-Peter Conrady und Frau Heike Hundertmark-Wiedemeier.

Ganz besonderen Dank schulden die Veranstalter jedoch den Referenten, Herrn Professor Dr. Klaus Erich Pollmann von der Universität Magdeburg, Herrn Dr. Ing. e. h. Dipl.-Ing. Wilfried Lochte und dem Präsidenten der Stiftung Preußischer Kulturbesitz Berlin, Herrn Professor Dr. Werner Knopp.

Die Erinnerung an das Land Braunschweig und seine Geschichte ist bis in die Gegenwart ein lebendiger Bestandteil regionalen Selbstbewußtseins. Braunschweig und seine Region können mit Überzeugung darauf zurückblicken, in den vergangenen 50 Jahren einen aktiven Beitrag auf dem Weg in die Demokratie des Landes Niedersachsen geleistet zu haben. Möge diese Publikation die Erinnerung daran auch weiterhin wachhalten, denn wer die Vergangenheit vergißt, gefährdet in der Gegenwart unsere demokratische Zukunft.

Gerd Biegel, M. A.
Ltd. Museumsdirektor

Grußwort

Das am 1. November 1946 geschaffene Land Niedersachsen als Ganzes definiert sich entscheidend durch seine Teile. Historische Tradition und regionale Identität bestimmen dabei ganz wesentlich das Selbstverständnis der vier Landesteile, deren Gesamtheit das niedersächsische Landesbewußtsein ausmachen. Dieser Tatsache war bereits bei der Gründung des Landes Niedersachsen insofern Rechung getragen worden, als stets darauf hingewiesen wurde, daß die Eigenarten der vier Bestandteile des neuen Landes weitgehend erhalten bleiben sollten. Die Pflege regionaler Wissenschaft, Kultur und Kunst ist dabei für große Teile des ehemaligen Landes Braunschweig eine entscheidende Aufgabe der Braunschweigischen Landschaft.

Ganz in diesem Sinne haben die Vertreterinnen und Vertreter der Braunschweigischen Landschaft daher auch die Idee der Veranstaltungsreihe *»Auf dem Wege in die Demokratie«* von Anfang an begrüßt und aktiv unterstützt. Die Entstehung einer neuen und demokratischen Gesellschaft eines durch Krieg und nationalsozialistischen Terror zerstörten Landes war von so fundamentaler Bedeutung für unser Leben heute, daß die Erinnerung an diese Entwicklung zugleich einen wichtigen Beitrag der Menschen in unserer Zeit zum besseren Verständnis ihres politischen Gemeinwesens ebenso leistet, wie es die Möglichkeit bietet, das Bewußtsein der Menschen zu schärfen gegenüber möglichen Gefährdungen dieser demokratischen Gesellschaft. Staatliche Institutionen, Kultur, Wirtschaft und historisches Bewußtsein sind diejenigen tragenden Säulen, die das Fundament jener demokratischen Entwicklung bilden, wie sie in der Vortragsreihe aus Anlaß der Gründung des Landes Niedersachsen vor 50 Jahren dargestellt worden ist. Die Selbständigkeit des Landes Braunschweig endete zum gleichen Zeitpunkt, ein waches Bewußtsein für die Geschichte und Tradition des Landes aber wird auch zukünftig dazu beitragen, mit Selbstbewußtsein ein aktiver Bestandteil des Landes Niedersachsen zu bleiben.

Für viele Menschen in Braunschweig und der Region ist das Jahr 1946 noch durch eigenes Erleben geprägt, für die jüngere Generation aber bereits Geschichte. Die Erfahrungen der Vergangenheit in das historische Bewußtsein der Gegenwart einzubringen, ist eine wichtige Aufgabe. Daher dankt der Vorstand der Braunschweigischen Landschaft e. V. allen für die Durchführung der Veranstaltungsreihe Verantwortlichen ebenso wie den Vortragenden, die darüber hinaus ihre Beiträge für diese Publikation zur Verfügung gestellt haben. Mögen ihre Beiträge mithelfen, die Erinnerung an das alte Land Braunschweig wachzuhalten und das Bewußtsein für die Attraktivität dieser Region zu fördern.

Hermann Struck
1. Vorsitzender
der Braunschweigischen Landschaft e.V.

»Auf dem Weg in die Demokratie«

Zur Einführung

Karl-Wilhelm Lange

Es war im April 1945, als durch alliierte Kampfverbände in Braunschweig und dem Braunschweiger Land der Zweite Weltkrieg und der Schrecken der Nazidiktatur zu Ende gingen. Ein zerbombtes und ausgeblutetes Land ohne Hoffnung und überzogen mit persönlichem Elend und wirtschaftlicher Not erlebte die vielzitierte »Stunde Null« und brauchte kaum den Atem anzuhalten, denn nur wenig fehlte eigentlich zum endgültigen Atemstillstand. Dennoch kennzeichnet nicht nur ein Horrorszenarium dieses Jahr 1945, bald begann sich mitten in den Trümmern unter unvorstellbaren äußeren Bedingungen und zunächst mit vollständig zerstörten gesellschaftlichen Strukturen neues Leben zu regen, Hoffnung keimte und Taktraft wuchs allmählich. Anders als in vielen anderen vergleichbaren Momenten der reichen und abwechslungsreichen braunschweigischen Landesgeschichte, die viele Kriegs- und Notzeiten seit der Blüte des Mittelalters erlebt und überstanden hat, sollte das Jahr 1945 in vielfacher Hinsicht Ende und Neubeginn, Zusammenbruch und Befreiung, Abschied und Neuanfang markieren. Diese zeitgeschichtliche Wende sollte so grundlegend werden, wie nie zuvor in der Geschichte des Landes, denn unter der Aufsicht englischer Besatzungstruppen entstand für kurze Zeit das Land Braunschweig zwar neu, es war aber bereits auf ein endgültiges Ende festgelegt. Eine fast 800jährige Tradition selbständiger Geschichte sollte ihren Abschluß finden, jedoch zugleich die Grundlage schaffen für ein dauerhaftes demokratisches Fundament eines zukünftigen Staates, über dessen Aussehen und Struktur noch keine endgültige Vorstellung bestehen konnte. In den ersten Monaten nach der Befreiung galt es, das nackte Überleben zu sichern, Trümmer zu beseitigen, eine Infrastruktur zu schaffen und eine funktionierende Verwaltung zu etablieren. Es ist uns Heutigen kaum noch bewußt, welche Leistung damit tatsächlich verbunden war, aber wir müssen alles dafür tun, daß für die Zeitgenossen die Erinnerung nicht verblaßt und den Nachkriegsgenerationen eindringliche Kenntnisse vermittelt werden. Das in den ersten Monaten nach Kriegsende sich entwickelnde Gefühl des »*Wir sind noch einmal davongekommen*« muß mit dem Bekenntnis »*Nie wieder*« für Gegenwart und Bewußtsein und Wollen der Menschen fest verankert werden.

Es war eine enorme wirtschaftliche und gesellschaftspolitische Leistung, die in den ersten Monaten nach Kriegsende vollbracht worden ist, so daß nach sorgfältigen Erwägungen und mit Hilfe vieler Frauen und Männer aus der wiedergegründeten SPD, der KPD und Mitgliedern der neuen demokratischen Parteien CDU und FDP, die ungebrochen den nationalsozialistischen Terror überstanden hatten, durch die Militärregierung nicht nur das Land Braunschweig in weitgehend alten Grenzen wieder restituiert, sondern auch eine Verwaltung und ein demokratischer Landtag eingesetzt werden konnten. Am 21. Februar 1946 tagte zum ersten Mal nach dem Chaos des Krieges wieder ein Braunschweigischer Landtag, am 21. November 1946 schließlich zum letzten Mal, denn nun hatte das Land Niedersachsen seine neue Aufgabe übernommen. Die Eckdaten von Wiederbeginn und unwiederbringlichem Ende einer fast 800jährigen regionalen Selbständigkeit in der Geschichte stehen aber nicht stellvertretend für Erinnerungsmomente nostalgischer Freude oder Trauer, und schon gar nicht, um Mißverständnisse grundsätzlich auszuschließen, als Anklage gegenüber einer scheinbaren Politik der Annexionen Hannovers. Diese Eckdaten zeigen vielmehr auf, daß Braunschweig vor 50 Jahren nicht im Land Niedersachsen »aufgegangen« ist, sondern einen aktiven »Weg in die Demokratie« beschritten hatte und in einem Prozeß selbstbewußte Dynamik, einen unverwechselbaren eigenständigen Beitrag für die demokratische Zukunft des Landes Niedersachsen, aber auch der Bundesrepublik Deutschland geleistet hatte. In diesem Sinne galt es auch, nicht in einem Festakt der historischen Wende am 1. November 1946 mit der Gründung des Landes Niedersachsen zu gedenken, sondern in einer Abfolge von Veranstaltungen die Vielfalt dieses Prozesses der Dynamik vor 50 Jahren nachvollziehbar zu machen. Tatsächlich haben es Braunschweigerinnen und Braunschweiger stets verstanden, sich in den Wechsel der Zeiten zu schicken, ganz nach Wilhelm Raabes Rat »*achtgebend auf die Gassen und aufblickend zu den Sternen*«. 1946 hat man in Braunschweig ebenfalls nicht zu den Sternen gegriffen, aber von Anfang an die Erinnerung an das alte Land Braunschweig bewahrt. Dabei war es nach dem 1. November 1946 nicht das Festhalten an einem realen Fortbestehen des Landes, sondern das Bewahren einer Idee.

Einen Fingerzeig auf die Bedeutung des Landes Braunschweig als Idee, als Leitbild für die Gegenwart, das seine kurze Nachkriegsgeschichte überdauert, gab Ministerpräsident Alfred Kubel in seiner letzten Rede vor dem Braunschweigischen Landtag am 21. November 1946, dem Tage seiner Auflösung, in der Aula der Kant-Hochschule. Er schloß mit dem Hinweis darauf, daß Bildung und Kultur, daß Hochschule, Theater und der Reichtum der Museen an Bedeutung nicht verlieren, sondern daß sie in Zukunft für das ganze Land an Gewicht gewinnen werden.

Nicht Volk und Staat, nicht Staatsmacht und Staatsgewalt waren und sind das Kontinuum braunschweigischer Geschichte bis in unsere Zeit. Sie stellen ohnehin keinen Wert an sich dar und zählen endgültig zur historischen Kulisse der territorialen Geschichte unseres Landes. Was bleibt, ist die *Idee vom Land Braunschweig als Kulturstaat,* in dem sich Demokratie und Verfassung innig verbanden und auch in schwierigster Zeit Freiheit und Gleichheit, Bildung und Kultur, Recht und Gesetz als Grundlage für Glück und Menschenwürde neu schufen.

Und es ist gewiß kein Zufall, sondern entspricht ganz dieser Idee vom Kulturstaat Braunschweig, daß der Landtag das Staatstheater schon 1946 ebenfalls in der Aula der Kant-Hochschule wiedereröffnete und daß 50 Jahre später am 2. März 1996 allen Kritikern und den ungünstigen Zeitläufen zum Trotz das »Kleine Haus« eingeweiht werden konnte.

Lassen Sie mich abschließend diesen Gedanken mit einem anderen Wort des großen Alfred Kubel aus seiner Rede, die er am 3. November 1946 zu Ehren Leonhard Nelsons in Braunschweig vor der Wissenschaftlichen Gesellschaft gehalten hat, aufnehmen:

»*Wir wollen*« — ganz in diesem Geiste — »*im öffentlichen Leben die Ausdauernden sein.*«

Das ist — glaube ich — die richtige Antwort im Rückblick auf 1946 und auf die Frage, was uns das Land Braunschweig als Vermächtnis, als Aufgabe und als Idee in der Zukunft bedeuten muß.

Karl-Wilhelm Lange
Regierungspräsident

Durch sachliche Verhandlung beweisen, daß das demokratische System ein besseres ist

Der Braunschweigische Nachkriegslandtag 1946

Klaus Erich Pollmann

»So geht nun die Weltgeschichte über dieses Land dahin, das viele Jahrhunderte seine Selbständigkeit bewahrt hat.«

Mit diesen Worten beendete Gerhard von Frankenberg, Leiter des Naturhistorischen Museums und Professor für Zoologie, am 21. November 1946 in der Schlußsitzung des Braunschweigischen Landtags seinen Rückblick auf die Geschichte des Freistaats. Frankenberg hatte dem Landesparlament während der Weimarer Republik elf Jahre lang angehört und repräsentierte damit die ehemaligen Abgeordneten, die von den Nationalsozialisten im März/April 1933 zur Niederlegung ihres Mandats gezwungen, inhaftiert und verfolgt worden waren. Sechs von ihnen, nämlich Heinrich Jasper[1] und Gustav Steinbrecher[2], Kuno Rieke[3] und Otto Thielemann,[4], Heinrich Siems[5] und Paul Gmeiner[6] wurden mißhandelt, verfolgt und in Konzentrationslager verschleppt. Keiner von ihnen hat die KZ-Haft überlebt.

Diese Männer hatten sich vergeblich gegen die seit 1930 ansteigenden Gewaltakte und Rechtsbrüche der bürgerlich-nationalsozialistischen Koalitionsregierung zur Wehr gesetzt und dabei die eigene Ohnmacht und schwindende Überzeugungskraft, bis hin zu starken inneren Selbstzweifeln, bitter erfahren.[7] Mit parlamentarischen Mitteln war gegen die nationalsozialistische Regierungspolitik, die seit 1931 von Dietrich Klagges als Innen- und Volksbildungsminister in bisher unbekannter Skrupellosigkeit vertreten wurde, nichts auszurichten.

Zwar war die Koalitionsregierung Küchenthal/Klagges, gebildet aus der Bürgerlichen Einheitsliste und den Nationalsozialisten, alles andere als erfolgreich. Das spiegelt sich in den Wahlergebnissen des Jahres 1932 wider, vor allem den beiden Reichstagswahlen vom Juli und November, bei denen die nationalsozialistische Hochburg Braunschweig von den Spitzenplätzen der vergleichenden Über-

Dr. Heinrich Jasper (1875 — 1945). Er starb am 19. Februar 1945 im KZ Bergen-Belsen.

Inhaftierung des Braunschweiger Oberbürgermeisters Ernst Böhme (1892 — 1968) am 23. März 1933. Anschließend wurde der Sozialdemokrat von den Nationalsozialisten brutal mißhandelt.

sicht der Wahlstatistik verschwindet.[8] Auch in den Reihen des bürgerlichen Koalitionspartners machte sich die Frustration über die Methoden der braunen Bewegung breit. Ende 1932 kam es zur Aufnahme von Kontakten zwischen der SPD-Führung und einzelnen Vertretern der Bürgerlichen Einheitsliste.[9] Zu einem Bruch mit den Nazis waren die letzteren aber ebensowenig bereit wie zu einer Kooperation mit der SPD. Dafür fehlte nach dem Scheitern der letzten parlamentarischen Regierung auf Reichsebene im März 1930 — nach der Formierung der Harzburger Front im Oktober 1931, und schließlich dem Papen-Putsch vom Juli 1932, der verfassungswidrigen Amtsenthebung der preußischen Minister Braun und Severing — jede Grundlage bei den bürgerlichen Parteien. So entlud sich der ohnmächtige Zorn des Braunschweiger Bürgertums in dem sogenannten Stahlhelmputsch[10] von Ende März 1933, dem aussichtslosen Aufbegehren einiger Stahlhelmführer gegen die Militanz und Brutalität der NS-Formationen.

Daß die NSDAP ihren Platz anders als in Thüringen in Braunschweig von 1930 an behaupten konnte, ist — neben der Schwäche, Orientierungslosigkeit und Zerstrittenheit der Parteien der Bürgerlichen Einheitsliste — auf die frühzeitige Anpassung der bürgerlichen Presse zurückzuführen, die ihre Gleichschaltung seit 1932 immer deutlicher antizipierte.[11] Mit der Übertragung der Reichstagswahlergebnisse vom 5. März 1933 auf die Länderparlamente, den erzwungenen Mandatsverzichten der sozialdemokratischen Abgeordneten und dem Übertritt der verbliebenen Abgeordneten der schwarzweißroten Kampffront zur NSDAP, hatte die parlamentarische Arbeit ihr Ende erreicht. 1934 wurde es auch förmlich besiegelt.

Der Braunschweigische Landtag hatte sich im frühen 19. Jahrhundert eher graduell aus den alten Ständen entwickelt.[12] Der liberale Vorsprung aus der Zeit des Frühkonstitutionalismus war seit der »nationalen Revolution«, der Gründung des deutschen Nationalstaats von 1867 — 1871, verspielt worden. Die Gründe dafür sind in den zunehmenden Klassenauseinandersetzungen mit dem Aufkommen der Industriearbeiterklasse, aber auch in den Kosten zu suchen, die der Kampf um die Behauptung der Selbständigkeit innerhalb des Kaiserreichs verursachte. Viele Zeitgenossen innerhalb und außerhalb Braunschweigs hielten diese nach der Annexion Hannovers durch Preußen für ein ökonomisch allzu kostspieliges und politisch wenig aussichtsreiches Bemühen.[13]

Die Radikalität der November-Revolution, die in erbittert geführte Streik- und Aussperrungskämpfe sowie in den offenen Bürgerkrieg einmündete[14], war nicht zuletzt eine Konsequenz des Starrsinns und der Reformverweigerung der »Bauernstube«, wie der Braunschweigische Landtag nicht von ungefähr im Volksmund hieß. In den Interessenkämpfen der Industriegesellschaft, zwischen Sozialdemokratie und Gewerkschaften in den Städten und den Agrariern auf dem Lande war der Liberalismus zerrieben worden. So prallten die politischen Gegensätze ohne das vermittelnde Element starker liberal-bürgerlicher Kräfte unabgefedert aufeinander. Eine in der Gesamtbilanz eher gemäßigte sozialdemokratische Regierungspolitik in der Zeit von 1927 bis 1930 wurde als Frontalangriff auf christlich-bürgerliche Wertvorstellungen emp-

Der Braunschweigische Landtag am Eiermarkt in Braunschweig. Das Gebäude wurde bis auf wenige Mauern in der Bombennacht vom 14./15. Oktober 1944 völlig zerstört.

funden.[15] Dies war die Grundlage für die antimarxistische Sammlung der Rechtsparteien in der Bürgerlichen Einheitsliste und der Bereitschaft zum Pakt mit der unberechenbaren nationalsozialistischen Bewegung.[16]

Als die britische Militärregierung am 24. April 1945 den sozialdemokratischen Lehrer Hubert Schlebusch, Mitglied des Reichstags von 1933, danach von den Nazis aus seiner rheinischen Heimat ausgewiesen und nach Braunschweig übergesiedelt und mehrmals für kurze Zeit inhaftiert, als Präsidenten des Braunschweigischen Staatsministeriums einsetzte, fand er nach eigenen Worten einen »Verwaltungstrümmerhaufen« vor.[17] Bis auf einen einzigen Amtsboten war das Personal der Ministerialbürokratie verschwunden. Das Vakuum in der Verwaltungsspitze des Landes wog aber vergleichsweise gering gegenüber den unermeßlichen Verlusten, Zerstörungen, Notlagen und dem moralischen Trümmerhaufen, den das nationalsozialistische Regime und der von ihm angezettelte Zweiten Weltkrieg hinterlassen hatte.

Aus Anlaß der 50. Wiederkehr des 8. Mai 1945 ist ausführlich darüber diskutiert worden, ob das Kriegsende — in Braun-

Hubert Schlebusch (1893 — 1955), Braunschweigischer Ministerpräsident vom 24. April 1945 bis April 1946, danach erster Präsident des Niedersächsischen Verwaltungsbezirks Braunschweig bis zu seinem Tod am 20. Oktober 1955.

schweig der 12. April 1945 — von den Zeitgenossen als Befreiung empfunden worden ist. Bei den meisten war dies gewiß nicht so, wohl aber hat sich ein Aufatmen, ein Gefühl der Erleichterung eingestellt, freilich gepaart mit dumpfen Ängsten vor einer dunklen, belasteten Zukunft. Die Mischung von blankem Entsetzen und störrischem Trotz in den Augen der Menschen, die von den Alliierten vor die Leichenberge der KZ's geführt wurden, vermittelt einen Einblick in die

Antifaschistischer Trauerzug im Jahr 1947 in Braunschweig. Der Marsch führte durch die zerstörte Stadt zum Hagenmarkt.

abgründige Gefühlslage der meisten Menschen damals.

Die Auflösungserscheinungen im Verwaltungsapparat waren relativ schnell in den Griff zu bekommen. Die Bevölkerung aber kam während der Zusammenbruchskrise vorerst nicht zur Ruhe: Die evakuierte, in vielen Fällen obdachlos gewordene Bevölkerung befand sich auf der Suche nach ihren Angehörigen; die Wehrmachtsangehörigen waren zum Teil noch vermißt oder in Gefangenschaft, aus der sie schubweise in der Folgezeit entlassen wurden; ranghohe Nazis, Wirtschaftsführer und sonstige Angehörige der Eliten wurden in alliierten Internierungscamps festgehalten; überall im Lande waren auch noch die ausländischen Zwangsarbeiter, die »Displaced Persons«, die sich, soweit sie aus dem Osten stammten, gegen eine sofortige Rückkehr in ihre Heimatländer sträubten; dazu kam — seit Anfang 1945 — ein Flüchtlingsstrom aus den unter russische und polnische Verwaltung gestellten deutschen Ostgebieten, aus dem Sudetenland, aus der SBZ, der sich gerade in dem an der Zonengrenze gelegenen Braunschweig massierte; er betrug bald 1/3 der Gesamtbevölkerung.[18]

Schlebusch war der britischen Militärregierung offenbar von dem Parteivorstand der SPD im Londoner Exil vorgeschlagen worden.[19] Für die weitere Rekrutierung des Verwaltungspersonals hielten sich die

Besatzungsoffiziere an einen Kreis von Sozialdemokraten, der sich in der Endphase des Krieges formiert hatte, an eindeutige Gegner des Nationalsozialismus aus verschiedenen gesellschaftlichen Bereichen sowie an den Antifaschistischen Ausschuß in Braunschweig.[20] Diese »Antifas«, quer zu den früheren Arbeiterparteien, waren ein typisches Merkmal der Zusammenbruchskrise, von vornherein auf die großen Städte beschränkt, häufig, wenn auch längst nicht überall, aber im Laufe der Zeit stärker, von den Kommunisten beherrscht; sie verloren jedoch innerhalb weniger Monate ihren Einfluß.

In Braunschweig gab es 1945 ein merkwürdiges Intermezzo mit der Gründung einer Sozialistischen Einheitspartei, die allerdings mit der zwangsvereinigten SED vom April 1946 nichts gemein hat, sondern sich am Vorbild der britischen Labour Party orientierte, bevor die Entwicklung seit Herbst 1945 in den bekannten Bahnen verlief.[21]

Bis dahin hatte sich die Militärregierung auf die Ausschaltung der Nationalsozialisten und Militaristen aus Verwaltung, Justiz, Wirtschaft, Schulen und Hochschulen und die vollständige Kontrolle der öffentlichen Verwaltung, Wirtschaft und Finanzen, Presse und des Rundfunks konzentriert.

Im Herbst 1945 wurden die strengen Bestimmungen der Behandlung der Deutschen als Feinde (»Non-Fraternisation«) gelockert. Das britische Prinzip des »indirect rule« erforderte die stärkere Beteiligung deutscher Kräfte an der Übernahme der Verantwortung zur Entlastung der an chronischem Personalmangel leidenden und über die wachsende Papierflut stöhnenden Militärverwaltung. In dieser Zeit wurden in der britischen Zone Parteien und die bis dahin eher gebremsten Gewerkschaften zugelassen, vorerst allerdings nur auf Kreisebene, der nach und nach die Zulassung auf den höheren Stufen folgen sollte.[22]
Gleichzeitig begann im Zuge des politischen Wiederaufbaus die Bildung von beratenden Organen, ein Vorgriff auf spätere Repräsentativkörperschaften; sie hatten nur ein Konsultativrecht und wurden von der Besatzungsmacht ernannt.

Das für das Land Braunschweig zuständige Military Government Detachment, mit dem Group Captain Hicks an der Spitze, forderte in diesem Zuge den Präsidenten des Staatsministeriums dazu auf, Personalvorschläge für einen Landesrat aus allen Kreisen der Bevölkerung der Militärregierung vorzulegen.[23] Schlebusch wandte sich daraufhin am 19. Oktober 1945 an die drei damals im Lande identifizierbaren Parteien, SPD, KPD und den Demokratischen Block, eine liberale Partei, mit der Aufforderung, aus ihrer Mitgliedschaft fünf geeignete Vorschläge zu machen, möglichst aus verschiedenen Berufen und unter Berücksichtigung jeweils einer Frau.

Vierzehn Tage später meldete sich zusätzlich die CDU mit dem Wunsch, *»bei der Bildung dieser Körperschaft«* beteiligt zu werden. *»Diese Partei ist zwar formell ebenso wenig begründet worden wie die SPD und KPD«*, so hieß es in dem Schreiben mit deutlichem Tadel an die Adresse des Ministers, *»hat aber die vorbereitenden Schritte getan.«*[24] Die CDU wurde dann ebenfalls berücksichtigt und entwickelte sich bald zur führenden Partei innerhalb des bürgerlichen Spektrums.

Denn die Liberalen traten für längere Zeit auf der Stelle, zumal sie sich untereinander Konkurrenz machten. Erst recht war Braunschweig für die Niedersächsische Landespartei, die spätere Deutsche Partei, ein schwieriges Pflaster. Zu einer festen Organisation hat sie es hier, solange das Land Braunschweig existierte, nicht gebracht.

Auch in der Union, dem einzigen Neuansatz im deutschen Parteienspektrum, verlief die Gründungsphase schleppend. Es fehlte ein profil- und impulsgebender Kern, wie er andernorts die Union geprägt hat: die katholisch-soziale Bewegung, Widerstandskreise oder Vertreter der Bekennenden Kirche.[25] Die maßgeblichen Gründungsmitglieder sind dem politischen Liberalismus, der 1918 gegründeten DDP zuzuordnen, so der frühere Braunschweigische Minister Rönneburg[26], nach 1945 Landrat in Wolfenbüttel, und der Jurist Dr. Georg Strickrodt[27], der 1933 von den Nationalsozialisten aufgrund des Gesetzes zur Wiederherstellung des Berufsbeamtentums aus dem Staatsdienst entlassen worden war und 1945 von der Militärregierung als Generaldirektor der Reichswerke Salzgitter eingesetzt wurde; 1937 war er in die Rechtsabteilung der Hermann-Göring-Werke berufen worden. Die Braunschweiger CDU wurde rasch zu einer bürgerlichen Sammlung, die von der Schwäche der übrigen Parteien des Bürgertums profitierte.

Den noch im Gründungsprozeß befindlichen Parteien wurde aber noch kein Monopol auf die gesellschaftliche Repräsentanz zugebilligt. Denn außer ihnen wurden die Wirtschaftskammer und die Gewerkschaften um insgesamt fünf Vorschläge aus Wirtschaft, Handel und Handwerk gebeten. Je ein Vertreter sollte aus der evangelischen und der katholischen Kirche stammen. Ein Mitglied der Sozialistischen Arbeiterjugend wurde als Jugendvertreter berufen. In diesem gemischten parteipolitisch-korporativen Repräsentativmodell waren die Landwirte, die vor 1918 in Braunschweig am meisten wahlrechtsbegünstigte soziale Schicht, benachteiligt, zunächst wenigstens. Der bis 1947 weiterexistierende Reichsnährstand war aber offenbar politisch zu sehr belastet, als daß man diese Organisation um die Benennung von Vertretern hätte ersuchen wollen. Auf dieser Grundlage stellte Schlebusch am 20. Dezember 1945 eine 22 Namen enthaltende Vorschlagsliste zusammen, die schließlich noch einen Vertreter der Flüchtlingsinteressen enthielt.[28]

Dieser Landesrat konstituierte sich am 8. Januar 1946, nahm Berichte von Schlebusch und Dr. Gerhard Weißer, dem späteren Sekretär des in Hamburg tagenden Zonenbeirats, entgegen und beantragte für seine Mitglieder die Aufhebung der Beschränkung der Ausgehzeit sowie eine Sonntagsfahrerlaubnis bei der Militärregierung.[29]

Noch im gleichen Monat genehmigte die Militärregierung die Bildung eines Braunschweigischen Landtags. Dieser sollte mit 50 Mitgliedern nicht nur wesentlich größer sein als der Landesrat, dessen 22 Mitglieder geschlossen in das neue Organ übernommen wurden, sondern sollte sich eine Satzung geben und den Auftrag erhalten, eine Landesverfassung auszuarbeiten. Es vergingen aber noch drei Monate, bis im Mai 1946 die Zahl der 50 Mitglieder komplett war. Das lag einmal an dem gründlichen Überprüfungsverfahren, das sich der Standortkommandant vorbehielt und kompromißlos in die Tat umsetzte, zum anderen an der Schwierigkeit, innerhalb des bürgerlichen Spektrums unbelastete Personen mit einiger politischer Erfahrung zu finden.

Aus diesem Mangel an geeigneten Vorschlägen resultierte zeitweilig ein Übergewicht der SPD, das die Militärregierung im Februar entgegen ihrer anfänglichen Praxis monierte. Zudem wurden einige Mitglieder im März 1946 nachträglich wieder ausgeschlossen, offenbar deshalb, weil sie nicht ordnungsgemäß bestätigt worden waren. Darunter war auch ein Hornburger Industrieller namens Fritz von der Schulenburg[30], der angeblich die meiste Zeit der NS-Herrschaft als politischer Häftling zugebracht hatte, offenbar aber eine falsche Identität angenommen hatte, ferner ein früheres SA-Mitglied sowie der Landeskirchenpräsident Martin Erdmann.[31] Der spätere Bischof der evangelisch-lutherischen Landeskirche, der mit einer Frau jüdischer Herkunft verheiratet war, war gewiß kein Nazi, hatte aber von 1933 bis 1935 der NSDAP angehört und war kurze Zeit Deutscher Christ gewesen, bevor er sich der Bekennenden Kirche anschloß. Der Kirchenregierung gegenüber hat Erdmann diesen peinlichen Ausschluß verschleiert.[32]

Den sozialen Charakter dieses Landtags prägten die Inhaber kommunaler Ehrenämter, Gewerkschaftsfunktionäre, Parteiangestellten sowie Arbeiter, selbständige Mittelständler und Industrielle bzw. leitende Angestellte. Dazu kamen zwei Pfarrer, ein Arzt und am Ende doch vier Landwirte, eine Hausfrau und — ein Schlaglicht auf die Zeitverhältnisse — ein Kriegsversehrter. Auffällig ist das völlige Fehlen der Juristen und Berufsbeamten; die einzige Ausnahme ist der Rechtsanwalt Ernst Will, der als Präsident der Anwaltskammer in den Landtag berufen worden war. Das war kein Zufall. Denn es war die erklärte Absicht der Briten, die Beamten aus den Parlamenten herauszuhalten. Ursprünglich sollte der Beamtenstatus sogar die Mitgliedschaft in einer Partei ausschließen. Die 50 Vertreter, die sich für diese schwierige und überwiegend undankbare Aufgabe zur Verfügung stellten, verfügten nur zu einem geringen Teil über politische Erfahrungen. Die große Mehrzahl wurde erstmals in eine parlamentarische Versammlung berufen und beendete sehr bald wieder ihre Abgeordnetentätigkeit mit der Schließung des Braunschweigischen Landtags.

Nur drei der Mitglieder hatten dem Landtag in der Zeit der Weimarer Republik angehört, allesamt Sozialdemokraten: der Braunschweiger Oberbürgermeister Ernst Böhme[33], der 1933 unter entwürdigenden Umständen aus diesem Amt verjagt worden war, Martha Fuchs[34] und Albert Rohloff.[35] In der Fraktion der SPD konzentrierte sich die Erfahrung aus Partei- und Gewerkschaftsarbeit, soweit sie in diesem Landtag überhaupt vorhanden war. Wesentliche Impulse erhielt die SPD-Fraktion ferner durch die Mitwirkung zweier noch junger ISK-Mitglieder: Otto Bennemann[36], Jahrgang 1903, der im Mai 1945 aus dem Londoner Exil zurückgekehrt war, sowie Alfred Kubel[37], Jahrgang 1909, mit der gleichaltrigen Edith Reinowski[38], der jüngsten Abgeordneten. Die siebenköpfige KPD-Fraktion bestand dagegen wie die CDU ausnahmslos aus parlamentarisch unerfahrenen Kräften; auffällig ist hier ferner die geringe personelle Kontinuität mit dem

Otto Bennemann (geb. 1903) war im Mai 1945 aus dem Londoner Exil zurückgekehrt und gehörte dem 1. Braunschweigischen Landtag 1946 als Mitglied an.

Braunschweiger Antifaschistischen Ausschuß.

Von den 50, schließlich 51 Mitgliedern, mit einem Durchschnittsalter von etwa 50 Jahren, gehörten etwa 2/5 keiner der drei Fraktionen an. Faßt man Mitglieder und Hospitanten zusammen, so verteilten sich die Kräfte des Landtags schließlich wie folgt: 22 SPD (12 Mitglieder und 10 Hospitanten), 22 CDU (11 Mitglieder und 11 Hospitanten) und 7 KPD.

Unter den Unionshospitanten waren auch Abgeordnete, die sich zur FDP oder NLP zählten. Die eingeschränkte Parteienkonstellation auf drei Fraktionen findet sich nur im Braunschweigischen Landtag; der Oldenburgische wies vier, der Hannoversche fünf Fraktionen auf.

Folgt man den Aussagen bei der Schlußsitzung dieses Landtages am 21. November 1946, so war das Verhältnis zwischen den Mitgliedern und den Besatzungsoffizieren von ungetrübter Harmonie und freundschaftlichen Gefühlen gekennzeichnet. Die Dokumente sprechen da doch eine andere Sprache. Die erste ordentliche Sitzung am 21. Februar 1946, an die wir heute erinnern, wäre in letzter Minute fast geplatzt, nachdem der Group Captain Hicks die beiden wichtigsten Punkte von der Tagesordnung gestrichen hatte.[39]

Und dann begann die Sitzung mit einer harschen Strafpredigt eines britischen Majors, der namentlich den SPD-Vertretern Parteiegoismus, Intrigenpolitik und eine Verkennung der Prioritäten vorwarf. Der Group Captain würde sich vorbehalten, »*in der nächsten Zeit sämtliche Namen der Landtagsmitglieder einer Revision zu unterziehen*«.[40] Die empörten Abgeordneten wiesen diese Kritik scharf zurück.

Ein ähnlicher Affront ereignete sich im September 1946, als der Landtag die Verantwortung für die Gesundheit und Moral einer weiteren, 65000 Menschen zählenden Flüchtlingswelle ablehnte[41], nachdem bereits 100000 Vertriebene zu Jahresanfang eingeströmt waren, und die Militärregierung daraufhin diese Resolution als verantwortungslos verwarf. Sie witterte ein Komplott zwischen den Ratsvertretern der zerbombten Stadt Braunschweig und dem Landtag und sah politische Gruppen am Werk, die angesichts der bevorstehenden Gemeinde- und Kreiswahlen die öffentliche Meinung anheizten, im Gegensatz zu den »sehr humanen Ansichten« der breiten Bevölkerung![42] Auch gegen diese Kritik verwahrte sich der Landtag. Schließlich schrieb der Group Captain die Kontroverse zu den Akten.

Allerdings sollte man von den gelegentlichen scharfen Erklärungen genausowenig auf das Verhältnis zwischen Militärregierung und Landtag schließen wie von den abschließenden Freundschaftsbekundungen. Die Bandbreite der Beziehungen resultierte teilweise schon aus der »indirect rule« mit der doppelten Aufgabe der Umerziehung und des demokratischen Neuanfangs. Je länger, desto deutlicher traten Befehl und Gehorsamsanspruch der Besatzungsmacht gegenüber den gemeinsamen liberal-demokratischen Wertvorstellungen zurück; dazu gab es Anzeichen für einen aufkeimenden Braunschweig-»Patriotismus« in der militärischen Dienststelle. Es liege nicht im Braunschweiger Interesse, durch scharfe Attacken möglicherweise die Ablösung des Group Captain zu bewirken, so das Kalkül im Braunschweigischen Landtag.[43]

Nach der Konstituierung des Landtags am 12. Februar 1946 ordnete die Militärregierung die Benennung eines neuen Ministerpräsidenten sowie von nicht weniger als sechs Ressortministern an. Dabei sollte zwischen der unpolitischen Landesverwaltung und den politischen Ministern, die im Auftrag des Landtags handelten, ohne von diesem gewählt zu sein, und den Vorsitz der Landtagsausschüsse führten, strikt unterschieden werden.

Der Ministerpräsident sollte zugleich der Präsident des Landtags sein, was die Militärregierung im Mai dann aber revidierte; es galt, *»to cut down the tendency for the Prime Minister to consider himself a ›Dictator‹«!*[44] Diese britischen Vorstellungen, die mit dem in der deutschen Tradition üblichen Gewaltenteilungsmodell nicht vereinbar waren, stießen im Landtag auf wenig Verständnis. Dagegen hielten die Braunschweiger, daß man sich mit einer solchen Ministerfülle in dem kleinen Land lächerlich machen würde! Die Militärregierung ging aber von diesem Konzept nicht ab.

Den Fraktionsvorsitz der SPD und CDU nahmen jeweils Minister ein. Diese »Parlamentsminister«, für die der Begriff

Alfred Kubel (geb. 1909) war von April 1946 bis zur Auflösung des Braunschweigischen Landtages Ministerpräsident und von 1970 bis 1976 Ministerpräsident des Landes Niedersachsen.

»Ausschußvorsitzende« vorgeschlagen wurde, sollten ehrenamtlich tätig sein. Schließlich wurden diese Ämter doch als hauptamtliche Aufgaben gesehen und mit einem entsprechenden Gehalt dotiert, allerdings ohne Pensionsanspruch.

Als sich Schlebusch für die Übernahme der Leitung der Verwaltung unter dem Titel Oberregierungsdirektor entschied, stand das Amt des Ministerpräsidenten zur Neubesetzung an. Ungeachtet der im Februar ergangenen »Abmahnung« begann nun mit kräftiger Beteiligung der Besatzungsoffiziere ein »Ministerschacher«, der einem gewählten Parlament in normalen Zeiten durchaus nicht nachstand. Sechs Ministerposten waren zu besetzen, nachdem der Vorschlag, das Amt des Ministerpräsidenten mit dem des Finanzministers zu verbinden, allseits Zustimmung gefunden hatte, zumal feststand, wer diese beiden Ämter in seiner Person vereinigen sollte: Alfred Kubel!

Die Besatzungsoffiziere fanden jetzt im April 1946, daß die SPD im Landtag eher unterrepräsentiert war, wobei das Kriterium dafür, die Mitgliederzahlen, dieser Partei sehr entgegenkam. Daraus ergab sich die folgende Ministeraufteilung: SPD 3, KPD 2, CDU 1. Natürlich fand sich die Union damit nicht ab, sondern stellte die Gegenforderung auf: die Hälfte der Minister müsse aus dem nichtsozialdemokratisch-kommunistischen Lager kommen. Doch es blieb zunächst bei dem bisherigen Vorschlag: drei Minister für die SPD, nämlich Kubel, Arnholz (Innen) und Martha Fuchs (Volksbildung); die Kommunisten Wiesener und Küppenbender in den Ressorts Arbeit/Technik und Landwirtschaft; für die CDU war Dr. Strickrodt als Wirtschaftsminister vorgesehen. Die CDU stellte daraufhin ihren Rückzug aus einem so besetzten Kabinett in Aussicht.[45] Eine Intervention beim Group Captain hat dann in letzter Minute einen Sinneswandel bewirkt: das Landwirtschaftsministerium blieb zunächst offen und wurde nach einigen Wochen mit dem CDU-Fraktionsmitglied Rissling besetzt. Um jedes Mißverständnis zu vermeiden, erinnerte Hicks die Minister vor dem Landtag daran, daß sie unter Befehl der Militärregierung zu arbeiten hätten und sich nicht auf ein Mandat des Volkes stützen könnten.[46]

Der Braunschweigische Landtag hat in den neun ordentlichen und vier außerordentlichen Sitzungen sowie zahlreichen Ausschußberatungen seiner neunmonatigen Tagungsperiode ein gewaltiges Pensum erledigt. Abgesehen von der Zeit, die er auf seine Selbstorganisation zu verwenden hatte, sind vor allem die vielen Dringlichkeitsanträge, Protestresolutionen und Großen Anfragen zu nennen. Das Gremium beriet immer wieder die katastrophale Versorgungslage der Bevölkerung und protestierte gegen die weitere Kürzung der Lebensmittelrationen, bestärkt durch Protestresolutionen aus 25 Großbetrieben des Landes. In einem dramatischen Appell richtete Kubel die Warnung an die Welt, daß sich auf sieben Gramm Fett keine deutsche Demokratie aufbauen lasse.[47]

Der Landtag forderte, gegen die Warenhortung und den Schwarzhandel vorzugehen, — und sei es durch eine Arbeitsverpflichtung für die Schwarzhändler. Er verlangte ferner eine Revision der Bestimmungen über die Wohnraumbeschaffung, ließ sich über das Holzbrennstoffprogramm und die Pläne zur Kultivierung

Braunschweig wurde im Februar 1946 von einem schweren Hochwasser betroffen, das die ohnehin bestehende Not der Bevölkerung noch weiter verschärfte.

des Heidelandes berichten, forderte Beteiligung an der Währungsreform und immer wieder die bessere Versorgung der Flüchtlinge, obwohl das nach Einschätzung des Landtags eigentlich die Kräfte des Landes überstieg. Aus konkretem Anlaß erfolgten Proteste gegen die Schließung der Firma Luther in Braunschweig, die geplante Auflösung des Oberlandesgerichts sowie die von der in Hannover sitzenden Landesverwaltung ergangenen Dienstverpflichtungen hiesiger Facharbeiter außerhalb des Landes Braunschweig.

Ein weiteres Schwerpunktthema war ein Merkmal, das für die Zusammenbruchsgesellschaft kennzeichnend ist: die hohe Kriminalitätsrate! Bewaffnete Banden, die Höfe und Betriebe überfielen, Einbrüche in Lebensmittelkartenstellen, Schwarzhandel, Schiebereien, Korruption waren alltägliche Erfahrungen geworden. Sie wurden besonders an *»8 000 asozialen Ausländern«*[48] festgemacht, mit denen vor allem die »Displaced Persons« gemeint waren. Anders als später wurde die Entnazifizierung unterstützt und durch Aufforderungen an die Militärregierung bekräftigt, die prominenten Nazis die derzeitige Notlage fühlen zu lassen. Andererseits faßten die Abgeordneten Beschlüsse zu Rentenzahlungen an die Opfer des NS-Regimes, Versorgung der

Das katastrophale Hochwasser vom Februar 1946 war auch eines der wichtigsten Themen in den ersten Sitzungen des Braunschweigischen Landtages im Jahr 1946.

Kriegsbeschädigten und die Aufhebung der Verjährungsfrist für nationalsozialistische Straftaten.[49]

Hinter diesen fast immer einstimmig gefaßten Beschlüssen zu aktuellen Tagesfragen und dringenden Notlagen stand die Behandlung grundlegender Reformgesetze zurück. Zwar beriet der Landtag über eine Bodenreform, die ja im engen Zusammenhang mit dem Problem der Verteilungsgerechtigkeit zwischen Stadt und Land sowie der Aufhebung des nationalsozialistisch infizierten Reichsnährstandes gesehen werden konnte. Doch nur die Kommunisten bestanden unter Hinweis auf das Vorbild in der sowjetischen Besatzungszone auf der sofortigen Verabschiedung eines Gesetzes, während SPD und CDU die Beratungen des Zonenbeirats abwarten wollten. Das gleiche Ergebnis hatte die Erörterung der Vorlage über die paritätische Besetzung der Industrie- und Handelskammer (IHK).[50] Hier hatte die Braunschweigische IHK — gewiß auf politischen Druck hin — mit der Ernennung des Gewerkschaftsvorsitzenden Franz Rosenbruch zu ihrem Vizepräsidenten einen Vorgriff auf die Reform unternommen, dem aber keine weiteren Schritte folgten.

Die Militärregierung hatte dem Landtag im Februar den Auftrag mit auf den Weg gegeben, eine Verfassung für das Land auszuarbeiten. Das mußte zunächst hinter anderen dringlicheren Punkten zurückstehen. Als dann im Juli/August die preußischen Provinzen aufgehoben wurden und das Land Nordrhein-Westfalen entstand, zeichnete sich das mögliche Ende des Landes Braunschweig ab.

In der Absicht, dies zu verhindern, gingen die zuständigen Landesminister und der Landtag mit Hochdruck an die Ausarbeitung einer Landesverfassung, die der Landtag en bloc annehmen sollte. Dem Entwurf lag die britische Vorstellung einer strikten Trennung von Landesverwaltung und den Ministern als Vollzugsorganen des Landesparlaments zugrunde, wie Art. 32 zeigt:

»V. Abschnitt: Landesdirektorium.
Art. 32: Die Gegenüberstellung von Organen der politischen Willensbildung einerseits und dem unpolitischen Verwaltungskörper andererseits entspricht der Erfordernis, daß der reine fachliche unpolitische Standpunkt der Verwaltungsstellen gegenüber den politischen Willenskundgebungen der Volksvertreter in den Ausschüssen zur Geltung kommen soll.

Die politischen Minister als Vorsitzende der Landtags-Ausschüsse sollen sich daher unmittelbarer Eingriffe in die tägliche Arbeit der Verwaltungsstellen enthalten. Ihre Überwachung soll sich nur im Rahmen der vom Landtag gegebenen allgemeinen Richtlinien halten ...«[51]

Die Verfassung behielt die Bezeichnung »Freistaat« und nannte als Organe der Staatsgewalt den Landtag, die Minister und das Landesdirektorium. Der Grundrechtsartikel über das Eigentum ließ mit der Gewährleistung einer angemessenen Entschädigung wenig Spielraum für die damals in allen Parteien verbreiteten weitgehenden Sozialisierungsabsichten. Kennzeichnend für die Gesinnung und Einstellung dieser Abgeordneten ist die Präambel zu dem Abschnitt »*Grundrechte und Grundpflichten*«:

»Ausgehend von der Erkenntnis, daß das Deutsche Reich nur als demokratischer Staat einen würdigen Platz unter den Nationen erringen kann, bekennt sich diese Verfassung nach Jahren einer Gewaltherrschaft zu den unabdingbaren Menschenrechten, die allein das Leben würdig und lebenswert gestalten und zu jener freiwilligen Unterordnung des Einzelmenschen unter die Staatshoheit führen, ohne die kein Staat auf die Dauer festgefügt sein kann.«[52]

Die Verfassungsberatungen blieben unvollendet. Sie wurden im August jäh abgebrochen, als die Entscheidung für die Gründung des Landes Niedersachsen gefallen war. Landtag und Regierung versuchten diese Entwicklung in letzter Minute noch zu ihren Gunsten zu ändern: Wenn die Bildung von Reichsländern, Nordrhein-Westfalen, Niedersachsen, Schleswig-Holstein, Hamburg, die letzten drei am besten zu einem Nordstaat vereint, unabwendbar war, so sollten innerhalb dieser Reichsländer doch Länder weiterexistieren und Schwerpunkt des Neuaufbaus bleiben.[53] Dieser Gedanke schien der Vorstellung der Briten entgegenzukommen, nach welcher Gemeinden, Kreise und Länder »*die eigentlichen Bausteine eines festgefügten demokratischen Staatsaufbaus*«[54] sein sollten, mit unmittelbar gewählten Volksvertretungen. Die

Reichsländer sollten demgegenüber gewissermaßen Zweckverbände[55] bilden, mit beschränkten Aufgaben der Exekutive auf solchen Arbeitsgebieten, bei denen eine großräumige Regelung nicht entbehrt werden könne. Als parlamentarische Kontrollorgane der Reichsländer genügten die vereinigten Landtage der einzelnen Länder.

Im Oktober aber waren diese Hoffnungen gegenstandslos geworden; nunmehr ging es bestenfalls um die Schaffung bzw. Wahrung starker Mittelinstanzen innerhalb des Landes Niedersachsen. Dazu sollte der bisherige Freistaat um den Bezirk Hildesheim und den Kreis Gifhorn erweitert werden. Die kulturellen Einrichtungen und verbleibenden Landesfonds sollten erhalten bleiben und mit Beteiligung eines — indirekt gewählten — Landschaftstags verwaltet werden. Die erstgenannte Forderung wurde im Art. 52 der Vorläufigen Niedersächsischen Verfassung erfüllt, die letztere wurde übergangen und ist erst Jahrzehnte später ansatzweise verwirklicht.

Alfred Kubel, der das Land Braunschweig in den Vorbesprechungen vertrat, setzte sich Anfang November erregter Kritik aus, da er die Unverletzbarkeit der Landesgrenzen preisgegeben und die 800jährige Tradition des Landes nicht ohne Hinweis auf die unerfreulichen Züge und Schattenseiten bewertet habe. Man solle den Abgeordneten nicht nachsagen dürfen, daß Braunschweig sich gegenüber dem Zentralisierungsanspruch Hannovers kampflos gefügt habe.[56] Kubels Parteifreund Arnholz kleidete für seine Fraktion die Warnung vor einer Hannoverschen Annexionspolitik in die Erinnerung an dessen eigenes Schicksal:

»Preußen ist es trotz der Vorteile, die es Hannover nach der Eingliederung von 1866 brachte, nicht gelungen, jene innere Verbundenheit zu erreichen. Hannover hat seit 1945 keine Lehren daraus gezogen, sondern gegen den Widerstand der betroffenen kleineren Länder diese häufig benachteiligt. Mögen die niedersächsischen Staatsmänner darüber wachen, daß das neue Land nicht Schaden nehme durch Fortsetzung einer solchen Politik: Mögen sie Weisheit und Kraft finden zu verhindern, dass nach weniger als 80 Jahren die Bewohner der durch ausländischen Machtanspruch mit Hannover zusammengeschlossenen Gebiete mit noch größerer Einmütigkeit die Loslösung von **Niedersachsen** *begrüßen, als sie sich vor einigen Monaten bei der Loslösung Hannovers von Preußen zeigte.*

Meine Parteifreunde lehnen jeden Partikularismus ab. Aus klarer Erkenntnis und auch aus unserer sozialistischen Überzeugung heraus streben wir zum Ganzen, zur Zusammenfassung unseres Volkes in der einen ungeteilten deutschen Republik. Wir sind bereit, uns mit ganzer Kraft als dienendes Glied anzuschließen an das Land Niedersachsen, doch im Rahmen der zu bildenden Landschaft. Wir erwarten, daß in dem neuen Lande die Einigkeit erreicht wird durch Wahrung des natürlichen Rechts der kleinen Gebiete und durch Gewährung der Freiheit zur Entfaltung der ihnen eigentümlichen Werte.«[57]

In dem Verfassungsentwurf hatten Regierung und Rechtsausschuß die Unabhängigkeit der Abgeordneten von Parteidisziplin und Fraktionszwang besonders hervorgehoben. Der letzte Braunschweigische Landtag hat dieses parlamentarische

Der Braunschweigische Landtag hatte im Jahr 1946 als Ausweichquartier die Aula der Kant-Hochschule genutzt, da das Landtagsgebäude am Eiermarkt völlig zerstört worden war.

Ideal im großen Umfang eingelöst; lediglich die KPD-Fraktion zeigte sich durchweg linientreu und außengeleitet. Obwohl alle Beschlüsse genehmigungsbedürftig waren und die Kontrollkommission dafür sorgte, daß diese Maßgabe nicht in Vergessenheit geriet, verstanden die Abgeordneten ihre Tätigkeit als Bausteine zur Errichtung einer demokratischen Ordnung. Deshalb war das Gebot sachlicher Verhandlungen keine hohle Phrase. Alfred Kubel hatte in der Eröffnungssitzung von der Aufgabe gesprochen, einen deutschen Parlamentarismus aufzubauen. Dazu gehöre zunächst die Anerkennung der Fehler der Vergangenheit:

»Wir haben in Deutschland nicht verhindern können, daß die Macht durch Despoten an sich gerissen wurde, weil es dem alten deutschen Parlamentarismus an Verantwortungsbereitschaft und Entschlußfreudigkeit fehlte ... Wir müssen die deutsche Jugend zu einem neuen Staat heranführen und ihr neue Ideale geben ... Nur der verdient sich Freiheit wie das Leben, der täglich sie erobern muß.«[58]

Wir stehen in Braunschweig auf dem demokratischen Fundament, an dem dieser Landtag mitgearbeitet hat.

Anmerkungen

1 Heinrich Jasper, geboren 1875, gestorben am 19. Februar 1945 im KZ Bergen-Belsen. Er war 1919 — 1920, 1922 — 1924 und 1927 — 1930 Braunschweigischer Minister; von 1918 — 1933 Abgeordneter der SPD. Die biographischen Angaben in den Anm. 1 — 5 nach Bernd Rother, Die Sozialdemokratie im Land Braunschweig 1918 bis 1933. Bonn 1990, S. 273 ff.

2 Gustav Steinbrecher, geboren 1876, gestorben am 30. Januar 1940 im KZ Mauthausen. 1919 — 1924 und 1927 — 1930 Braunschweigischer Minister; wie Jasper Landtagsabgeordneter der SPD vom Anfang bis Ende der Weimarer Republik.

3 Kuno Rieke, geboren 1897, gestorben am 2. März 1945 im KZ Dachau. 1924 — 1933 Landtagsabgeordneter der SPD, von 1927 — 1930 Fraktionsvorsitzender.

4 Otto Thielemann, geboren 1891, gestorben am 17. März 1938 im KZ Dachau. 1924 — 1933 Landtagsabgeordneter der SPD, 1922 — 1933 Redakteur des »Volksfreund«.

5 Heinrich Siems, geboren 1877, gestorben 1945 im KZ Oranienburg. 1920 — 1933 Landtagsabgeordneter der SPD.

6 Paul Gmeiner, gestorben 1944 im KZ Sachsenhausen, 1924 — 1933 Landtagsabgeordneter der KPD.

7 Dazu demnächst H. U. Ludewig — K. E. Pollmann, Mobilisierung und Machteroberung der NSDAP im Freistaat Braunschweig 1925 — 1933, erscheint 1997 in der aus Anlaß des fünzigjährigen Jubiläums herausgegebenen Geschichte Niedersachsens; dazu ferner: E. A. Roloff, Bürgertum und Nationalsozialismus 1930 — 33. Hannover 1961.

8 Bei der Reichstagswahl von 1930 nimmt der Wahlbezirk Südhannover/Braunschweig mit 24,3 Prozent den zweiten Platz im Reichsgebiet ein; bei den folgenden drei Reichstagswahlen, 31. Juli und 6. November 1932 sowie 5. März 1933, taucht dieser Bezirk nicht auf einem der ersten sechs Plätze auf.

9 K. E. Pollmann, Die Technische Hochschule in der Zeit des Nationalsozialismus, in: W. Kertz u.a. (Hg.), Technische Universität Braunschweig. Vom Collegium Carolinum zur Technischen Universität 1745 — 1995. Hildesheim 1995, S. 450.

10 Diesen Begriff gebrauchten die Nazis in maßloser Übertreibung für das Bemühen des Braunschweigischen Stahlhelm unter dem Einfluß Werner Schraders, seine Schlagkraft durch die Aufnahme von Reichsbannermännern zu erhöhen. (Dazu Anm. 7).

[11] K. Kaiser, Braunschweiger Presse und Nationalsozialismus. Der Aufstieg der NSDAP im Lande Braunschweig im Spiegel der Braunschweiger Tageszeitungen 1930 — 1933. Braunschweig 1970.

[12] K. E. Pollmann, Die Braunschweigische Verfassung von 1832. Hannover 1982.

[13] Dazu etwa K. Lange, Die Ortsgruppe Braunschweig des Alldeutschen Verbandes vor dem Ersten Weltkrieg, in: Braunschweigisches Jahrbuch, Bd. 61, 1980, S. 75 ff.

[14] H. U. Ludewig, Die Spaltung der Braunschweiger SPD im Ersten Weltkrieg, in: Braunschweigs Arbeiterschaft 1890 — 1950. Braunschweig 1988, S. 37 — 50.

[15] B. Rother, Die Sozialdemokratie, S. 216 f.

[16] E. A. Roloff, Bürgertum und Nationalsozialismus, S. 19 ff.

[17] Niederschrift über die 1. Sitzung des Landesrats am 8. Januar 1946. Niedersächsisches Staatsarchiv in Wolfenbüttel (künftig: NSTAW), 23 A Neu 15.

[18] H. Grebing, Flüchtlinge und Parteien in Niedersachsen. Hannover 1990.

[19] U. Schneider, Niedersachsen unter britischer Besatzung 1945, in: Nds. Jb. Nr. 54 — 1982, S. 266.

[19] A. Lein, Antifaschistische Aktion 1945. Die »Stunde Null« in Braunschweig. Göttingen 1978.

[21] K. A. Franke, SPD in Niedersachsen. Demokratie der ersten Stunde, 1972, S. 16.

[22] Th. Stammen, Das alliierte Besatzungsregime in Deutschland, in: J. Becker, Th. Stammen, P. Waldmann (Hg.), Vorgeschichte der Bundesrepublik Deutschland. München 1979, S. 61 — 91.

[23] NSTAW, 12 Neu 17 IV Nr. 79.

[24] Ebda.

[25] A. Fratzscher, CDU in Niedersachsen. Demokratie der ersten Stunde, 1971.

[26] Der Lehrer Heinrich Rönneburg war Mitbegründer der DDP in Braunschweig und 1919 — 1920 bzw. 1922 — 1924 Landesminister.

[27] Siehe neuerdings den Artikel in: H.-R. Jarck u. G. Scheel (Hg.), Braunschweigisches Biographisches Lexikon. Hannover 1996, S. 597.

[28] NSTAW, 12 Neu 17 IV Nr. 79.

[29] Ebda., 23 A Neu 15.

[30] Siehe dazu demnächst die biographischen Angaben, die der Verfasser im Zusammenhang mit der Veröffentlichung der Niederschriften des Braunschweigischen Landtags von 1946 vorbereitet.

[31] Dazu K. E. Pollmann, Die Entnazifizierung in der Braunschweigischen Landeskirche nach 1945, in: Ders. (Hg.), Der schwierige Weg in die Nachkriegszeit. Die Evangelisch-lutherische Landeskirche in Braunschweig 1945 — 1950. Göttingen 1994, S. 26 — 39. S. auch den Beitrag von D. Kuessner zu Martin Erdmann im gleichen Band, S. 100 — 130.

[32] Protokolle der Kirchenregierung, Nr. 88 v. 7. Mai 1946. Landeskirchliches Archiv Braunschweig.

[33] Ernst Böhme war von 1929 bis März 1933 Oberbürgermeister der Stadt Braunschweig und wurde am 1. Juni 1945 wieder in dieses Amt eingeführt, das er bis zum 17. Dezember 1948 ausübte.

[34] Martha Fuchs war 1927 — 1930 Mitglied des Braunschweigischen Landtags. Nach dem Ende ihrer Amtszeit als Volksbildungsministerin in Braunschweig (1946) wurde sie Staatskommissarin für das Flüchtlingswesen in Niedersachsen. Von 1959 bis 1964 war sie Oberbürgermeisterin der Stadt Braunschweig.

[35] Albert Rohloff vertrat die SPD von 1922 bis 1933 im Braunschweigischen Landtag, von Juli bis November 1932 auch im Reichstag. Von 1948 bis 1961, seinem Todesjahr, war er Oberkreisdirektor des Landkreises Gandersheim.

[36] Otto Bennemann war von 1948 bis 1952 und von 1954 bis 1959 Oberbürgermeister der Stadt Braunschweig. Von 1959 bis 1967 war er Niedersächsischer Minister des Innern. S. auch C. Grabenhorst, Otto Bennemann, Beitrag zu einer politischen Biographie. Braunschweig 1991.

[37] Alfred Kubel war nach seiner Amtszeit als Braunschweigischer Ministerpräsident — von einer zweijährigen Unterbrechung 1955 — 1957 abgesehen — von 1947 bis 1970 Niedersächsischer Landesminister in verschiedenen Ressorts; von 1970 bis 1976 war er Ministerpräsident des Landes Niedersachsen. Dazu W. Renzsch, Alfred Kubel. 30 Jahre Politik für Niedersachsen. Eine politische Biographie. Bonn 1985.

[38] Dazu jetzt B. Clemens (Hg.), Frauen machen Politik. Parlamentarierinnen in Niedersachsen. Hannover 1996, S. 301.

[39] NSTAW, 23 A Neu 15.

[40] Major Firminger, ebda.

[41] Dazu auch W. Jacobmeyer, Der Braunschweigische Landtag des Jahres 1946, in: B. Rebe, K. Lompe, R.v. Thadden (Hg.), Idee und Pragmatik in der politischen Entscheidung. Alfred Kubel zum 75. Geburtstag. Bonn 1984, S. 333 ff.

[42] Schreiben Headquarters Mil. Gov. Land Braunschweig, 2.10.46. NSTAW, 23 A Neu 1.

[43] Niederschrift der Sitzung des Ältestenrats v. 19. 10.46. NSTAW, 23 A Neu 27.

[44] Schreiben H Q Mil. Gov. Land Braunschweig, 18.5.46. NSTAW, 4 Nds Zg 27 — 80 zu Nr. 9.

[45] Niederschrift über die Sitzungen des Hauptausschusses am 15.4., 18.4. u. 24.4.46. NSTAW, 23 A Neu 27.

[46] Niederschrift über die 3. o. Sitzung des Landtags v. 7.5.1946. NSTAW, 23 A Neu 15.

[47] Niederschrift über die 6. o. Sitzung des Landtags v. 5.8.1946, NSTAW, 23 A Neu 15.

[48] So G. Strickrodt, Niederschrift über die 5. o. Sitzung des Landtags v. 26.6.1946. NSTAW, 23 A Neu 15.

[49] Siehe dazu die Niederschriften, NSTAW, 23 A Neu 15 u. 16.

[50] Dazu auch B. Pollmann, Reformansätze in Niedersachsen 1945 — 1949. Braunschweig 1977, S. 96 ff.

[51] Entwurf einer Vorläufigen Verfassung des Landes Braunschweig. NSTAW, 4 Nds Zg 27 — 80 Nr. 8.

[52] Ebda.

[53] Kubel, Niederschrift über die o. a. Sitzung des Landtags v. 25.7.1946. NSTAW, 23 A Neu 15.

[54] Ebda.

[55] Dieser Begriff ist damals schon von Kubel benutzt worden! Ebda.

[56] Niederschrift über die Sitzung des Ältestenrats v. 5.11.1946. NSTAW, 23 A Neu 26.

[57] Niederschrift über die Schlußsitzung des Braunschweigischen Landtags am 21. November 1946. NSTAW, 23 A Neu 15.

[58] Niederschrift über die 1. o. Sitzung des Landtags v. 21. Februar 1946. NSTAW, 23 A Neu 15.

»Hunger nach Kultur«

Die Anfänge kulturellen Lebens im Jahr 1946 als Signal der Hoffnung

Gerd Biegel

Das Inferno hinterließ seine Spuren: Das historische Braunschweig lag in Trümmern, die Fachwerkbauten waren ein unwiederbringlicher Raub der Flammen, Kirchen waren zerstört, das einst so stolze Staatstheater eine Ruine und Veranstaltungsräume nicht mehr zugänglich. Die Museen blieben geschlossen, ihre Sammlungsbestände und bedeutende Kunstwerke der Stadt waren noch ausgelagert, und der Braunschweiger Burglöwe befand sich zu seinem Schutz im Rammelsberg. Aber wer sollte sich nun auch um diese Dinge kümmern, wer an Kunst und Kultur denken, wenn das Interesse der Menschen auf die Überwindung der täglichen Not, den Hunger, auf die Suche nach einer einigermaßen menschenwürdigen Unterkunft und die vielen Alltäglichkeiten des Überlebens gerichtet war? Die Menschen in Stadt und Land Braunschweig fristeten ein kümmerliches Leben in Trümmern, ohne Hoffnung auf Zukunft und ohne eine Vorstellung, was werden sollte. In

Braunschweig in Trümmern: Blick vom Gebäude der AOK nach Westen. Links der Dom und in der Mitte die St.-Katharinen-Kirche.

Die Not im Alltag zwang die Menschen zum »Kohlenklau«. Hier wurde eine Frau von der Polizei beim »Diebstahl aus Not« gestellt.

den dumpfen Ton untätiger Resignation aber drang plötzlich das helle Signal eines Neuanfanges, denn:

»*Endlich* . . .

Endlich wieder hört man den Stundenschlag der europäischen Literatur. Ein demütigendes Jahrdutzend vernahmen wir ihn nicht? Nur ein Jahrdutzend? War es nicht ein Jahrhundert? Scham und Sehnsucht verlängerten die Wartezeit gewissermaßen über uns selbst hinaus. In der Weise nämlich, daß es Augenblicke gab, wo sie keine Erwartung mehr enthielt. Dies, die hoffnungslosen Augenblicke, waren die schlimmsten.

Nun aber, da wir mit beiden Händen zugreifen möchten, befinden wir uns ein wenig in der Rolle eines Ertaubten, dem das Gehör plötzlich wiedergegeben ward. Freude herrscht vor, Freude über diese und soviel Anwartschaft auf weitere Bereicherung unserer Welt. Endlich . . .«[1]

»*Endlich* . . .«, dieses Wort klang wie das Atemholen eines vom Ersticken bedrohten Menschen und riß in das Dunkel der Zukunft einen Spalt, durch den plötzlich ein helles Licht der Erwartung drang. Bevor dieses »*endlich*« aber tatsächlich in das Bewußtsein der Menschen in Braunschweig dringen konnte, waren noch viele schwierige Wochen und Monate zu überwinden. Eine Symbolfigur dieser Phase des Neubeginns, der damalige Landeskonservator Dr. Kurt Seeleke, erinnerte sich in eindrucksvoller Weise an diese Zeit:

»*1945 litten die meisten Menschen bittere Not. Man suchte Wohnraum und was zum Essen. Ich hatte damals auf abenteuerliche Weise von der Regierung die Genehmigung zur Restauration der Kirchen bekommen. Das war eine schwere Aufgabe: Man mußte sich von den Leuten anpöbeln lassen, es entstand eine wahre Volksfeindschaft, weil die Kirchen als Wohnraum eben ungenutzt dastanden und das viele Holz, aus denen sie bestanden, nicht verbrannt werden durfte. Jeder war eigentlich so mit sich selbst beschäftigt, daß in den ersten Tagen, Wochen und Monaten wirklich kein Platz für Kultur war. Es war ein Kampf gegen alle, gegen die Not und das Kaputtgehen, aber die Stimmung bei uns war ›jetzt oder nie.‹*«[2]

Dieses »*jetzt oder nie*« setzte neue Kräfte frei und ließ auch spüren, was alles vermißt worden war, denn nicht nur körperliche, auch geistige Not hatten die Menschen in Zeiten der Unterdrückung und des Krieges erlitten. Daher konnte Kurt Seeleke schon kurze Zeit später, zu Beginn des Jahres 1946, feststellen:

»*Man war ausgehungert nach der langen Ächtung aller freier Kulturentfaltung, man hatte einen richtigen Heißhunger. Was mir am stärksten in Erinnerung geblieben ist, ist die große Andacht, mit der wir die ersten Ausstellungen, Kinovorführungen und Theaterstücke begrüßten. Wir waren wirklich ergriffen, andächtig wie bei einer Messe, menschlich anrührig. Wir waren nochmals davongekommen.*«[3]

Man war also noch einmal davongekommen, und ganz langsam setzte der Pulsschlag des Lebens wieder ein, in kleinen Schritten wuchs auch das kulturelle Leben aus Ruinen und geistigen Trümmern heraus. Zunächst waren es kleine Anfänge, zwangsläufig entstanden aus privaten Initiativen, denn auch Politik und Ver-

In der Not hatten die Menschen kein Verständnis für Kunst und Denkmäler. Die Reiterdenkmäler von Herzog Carl Wilhelm Ferdinand und Herzog Friedrich Wilhelm vor dem Braunschweiger Residenzschloß waren teilweise bereits von Buntmetalldieben demontiert, ehe sie im Inneren des beschädigten Schlosses geschützt aufgestellt wurden.

waltung mußten erst neu organisiert werden und sahen sich vor ganz andere, gewaltige Herausforderungen gestellt. Aus bescheidenen Anfängen entstand im ganzen Land schließlich eine Kulturbewegung, die fast schlagartig — wie der gewaltige Ausbruch eines Vulkans — eine kaum noch überschaubare Fülle an kulturellen Veranstaltungen und Bildungsangeboten aller Art ermöglichte. Diese Eruption des Kulturlebens wirkte wie eine Befreiung jahrelang aufgestauter bzw. unterdrückter Wünsche und Bedürfnisse. *»Hunger nach Kultur«* war in diesem Moment mehr als ein Schlagwort, es war lebensnotwendiger Bestandteil des Menschseins an sich, es war Bestandteil der Rettung der Menschen aus dem Zustand einer geistigen Lethargie, es bedeutete die Hoffnung des Überlebens!

Hoffnung des Überlebens

Die Fülle der Aktivitäten und Angebote war überraschend groß. Bis heute fehlt leider eine umfassende Untersuchung zum Kulturleben im Braunschweigischen nach 1945, und es kann im begrenzten Umfang dieses Beitrages auch nicht annähernd die gesamte Entwicklung betrachtet werden. Daher wird eine Konzentration auf einige Schwerpunkte notwendig, wie sie beispielhaft für das Jahr 1946 waren und einen Beitrag geleistet haben auf dem von uns betrachteten *»Weg in die Demokratie«*, den Braunschweig noch als selbständiges Land vorgezeichnet hatte, ehe es nach dem Willen der britischen Besatzungsmacht im Land Niedersachsen aufging.[4]

Sehr bald, nachdem sich die erste Mißstimmung gegen die wieder erwachenden Kulturaktivitäten gelegt hatte, und neue Hoffnung auf eine existenzfähige Zukunft keimte, begann auch die Stimmung in der Bevölkerung umzuschlagen. Es wurde sichtbar, daß mit der berechtigten Hoffnung auf Neubeginn auch der Wunsch nach Kulturangeboten nicht mehr zu bremsen war. Es machte sich ein wahrer *Hunger nach Kultur* breit. Es wuchsen geistige Begehrlichkeiten, wie sie zwölf Jahre unterdrückt worden waren. Die Menschen wollten wieder an all dem teilhaben, was an Kunst und Kultur in der Zeit der Nazidiktatur verboten gewesen war, sie wollten in freier Entscheidung vergangene und gegenwärtige Kulturwerte wieder entdecken, neu bewahren lernen. Freiheit und Kultur sind zwei voneinander unlösbar abhängige Grundpfeiler einer demokratischen Gesellschaft. Wer dies in unserer Gegenwart — nur gerade 50 Jahre später! — so schnell vergißt und die kulturellen Grundwerte dieses Staates auf Bundes-, Länder- und Kommunalebene aufs Spiel setzt, sollte nicht nur an das damit verbundene Risiko erinnert werden, sondern an genau jene Jahre des mühsamen Weges zur Demokratie denken, den wir mit diesem Beitrag aufzeigen wollen.

Verständlicherweise begann das Kulturleben zunächst in kleinem Kreis, improvisiert aus Einzelinitiativen. Immer größer aber wurde das Interesse an den Angeboten, immer zahlreicher die Besucher bei den Veranstaltungen, und schon Anfang des Jahres 1946 konnte der Bedarf kaum noch gedeckt werden. Die Teilnahme an den Veranstaltungen — oftmals im Freien oder mitten in Ruinen von Kirchen — war ein für alle erkennbares positives Signal der neuerwachten Hoffnung auf einen tatsächlichen Neubeginn in allen Berei-

In den Trümmern des Kirchenschiffs von St. Magni hielt Pastor Johann Heinrich Wicke kurz nach der Befreiung Braunschweigs einen ersten Friedensgottesdienst. Ein Beispiel, wie sich schon bald neues Leben mitten in den Trümmern regte.

chen des täglichen Lebens. Manch schwierige Situation beim Wiederaufbau der Städte, in der Wirtschaft und bei der Versorgung im Alltag konnte — wenigstens für einige Stunden — im Genießen der Höhepunkte von Kunst, Literatur, Musik und Theater vergessen oder — vielleicht richtiger — verdrängt werden.

Theateraktivitäten

Den Anfang aller institutioneller Kulturaktivitäten im Braunschweigischen machte das Staatstheater Braunschweig. Unter seinem ersten Intendanten Dr. Jost Dahmen, der von Mai 1945 bis Februar 1946 im Amt war, nahm das Staatstheater un-

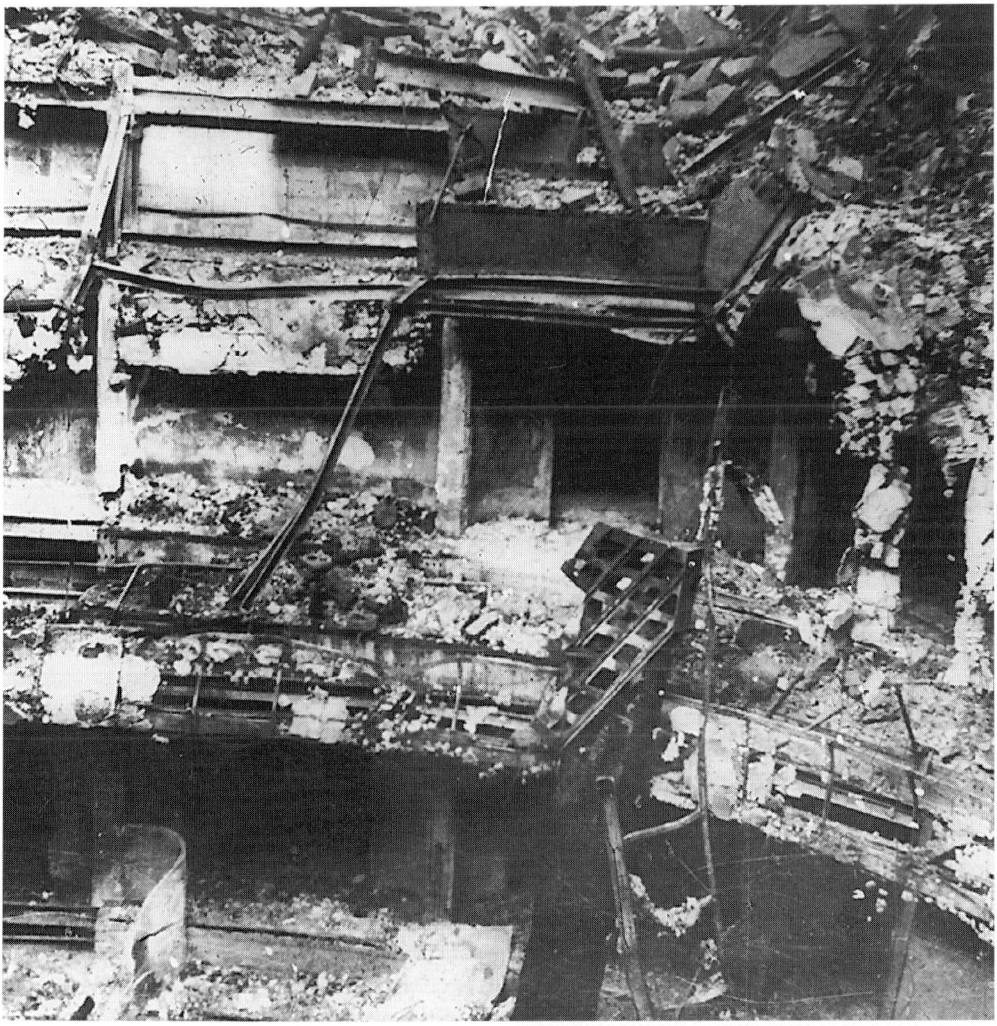

Das Gebäude des Staatstheaters am Steinweg wurde in der Bombennacht vom 14. auf den 15. Oktober 1944 total zerstört, und so mußte der Theaterbetrieb im Jahr 1946 in Ausweichquartieren wie der Kant-Hochschule oder dem Lessingtheater in Wolfenbüttel stattfinden.

Nach dem Umbau der Turnhalle der Kant-Hochschule eröffnete das Staatstheater seine Spielzeit 1945/46 am 23. September 1945 und bot ein regelmäßiges Programm an.

mittelbar nach Kriegsende seinen Spielbetrieb wieder auf. Das Gebäude des Staatstheaters war im flammenden Inferno der Bombennacht vom 14. auf den 15. Oktober 1944 ein Opfer der totalen Zerstörung geworden, und im Anblick des Chaos soll ein namhafter deutscher Baumeister ausgerufen haben: *»Wiederaufbau? Technisch, geldlich nicht möglich, sage ich Ihnen; was sage ich — seelisch unmöglich«.*[5] Aber die Seele des Theaters lebte, und so begann im Theaterleben das *»Wunder von Braunschweig«*. Das Ensemble, kriegsversehrt, aus den Rüstungswerken oder aus Gefangenschaft entlassen, fand sich allmählich wieder zusammen, nahm mit unvorstellbarer Begeisterung die Arbeit erneut auf und begann sein Programm am 23. Juli 1945. Natürlich war dies in der Ruine am Steinweg nicht möglich, weshalb man nach Wolfenbüttel auswich. Im dortigen Lessingtheater gab das Staatstheater Braunschweig mit einem bunten Programm *»Oper — Operette — Tanz«* die erste Nachkriegsvorstellung überhaupt. Gastspielfahrten — meist auf offenen Lastwagen — folgten, und auch in Braunschweig selbst wollte man wieder ein regelmäßiges Programm anbieten. So wurde unter der technischen Leitung des Bühnenbetriebsinspektors Josef Gebhardt der Umbau der Turnhalle der Kant-Hochschule zum neuen Theatersaal in Angriff genommen. Am 23. September 1945 um 11 Uhr war es schließlich soweit. Oberspielleiter Heinz

Die Spielzeit 1945/46 des Braunschweigischen Staatstheaters wurde am 23. September 1945 abends mit einer Aufführung von Christoph Willibald Glucks *»Die Maienkönigin«* eröffnet. Das Szenenfoto zeigt Marion Sieß, Gerhard Knauer und Hermann Nothnagel.

Klevenow sprach zur Eröffnung des *»Theaters in der Kant-Hochschule«* Johann Wolfgang Goethes *»Zueignung«* aus dem *»Faust«*. Anschließend erklangen unter Leitung des neuverpflichteten Generalmusikdirektors Albert Bittner das Concerto grosso d-moll von Georg Friedrich Händel, Ludwig van Beethovens 6. Sinfonie sowie die 2. Sinfonie von Johannes Brahms.

Der Anfang war gemacht, und am Abend des gleichen Tages hob sich erstmals wieder der Vorhang vor einer atemlos erwartungsvollen Theatergemeinde. Auf dem Spielplan standen *»Die Maienkönigin«* von Christoph Willibald Gluck, Wolfgang Amadeus Mozarts *»Schauspieldirektor«* und das Tanzspiel *»Pan und Nymphen«* mit der Musik von Joseph Haydn. Aber noch etwas lasen die Besucher auf dem Theaterzettel: *»Wir spielen wieder Tag für Tag«* — es war der 23. September 1945, fünf Monate nach Kriegsende und Befreiung!

Fast 500 Sitzplätze bot dieser Veranstaltungsraum in der Kant-Hochschule und — trotz hoher Eintrittspreise von mindestens 8,— RM für das Schauspiel und höherer Preise für die Oper — waren fast alle Veranstaltungen und Theateraufführungen bis zur Wiedereröffnung des Großen Hauses am 25. Dezember 1948 ausverkauft.

Bei dem unbändigen Willen der Theaterleute und der ungebrochenen Arbeitskraft des ersten Intendanten darf nicht unberücksichtigt bleiben, daß die Theaterarbeit sowohl bei der Bevölkerung als auch bei den alliierten Militärbehörden große und konstruktive Unterstützung fand. In Braunschweig war sogar, will man den Worten von Zeitzeugen Glauben schenken, der eigentliche Anstoß zur aktiven Theaterarbeit vom englischen Group Captain Hicks gekommen, der im übrigen für den kulturellen Wiederaufbau in Braunschweig insgesamt eine bedeutende Rolle gespielt hatte. Dahinter stand allerdings auch eine wohlüberlegte Programmatik. Den Alliierten war durchaus bewußt, daß sie zum einen mit der Theaterarbeit auch die eigene Kulturpropaganda und damit ein positives Element ihres Wirkens voranbrachten. Zum anderen herrschte die Meinung vor, Theater und Kunst seien *»nun erst recht«* als Vermittler des Wahren, Guten und Schönen nötig, um den Neubeginn auch einer geistigen Erneuerung der Deutschen in den chaotischen Wirren der Nachkriegszeit zu fördern.

In diesem Sinne wurde 1946 die *»Kulturmission der Bühne«* vom Allgemeinen Bühnenverein folgendermaßen umschrieben: *»Ein Blick auf die Situation des heutigen, sich aus dem Schutt des Hitler-Regimes mühsam Schritt für Schritt wieder emporringenden Theaters genügt, um zu erkennen, daß ohne die ideelle und tätige Mithilfe der berufstätigen Bevölkerung auf die Dauer nicht verzichtet werden kann. Die Lage unserer Bühnen, das unterliegt keinem Zweifel, ist allerdings noch trostloser als im Chaos nach 1918.*

Wer aber die Begeisterung miterlebt, mit der die Künstlerschaft vom Intendanten bis zum Bühnenarbeiter allerorten an den Wiederaufbau herangeht, wird keinen Zweifel mehr hegen, daß die Summe der Aufgaben nicht gemeistert werden könnte. Eine starke Besucherorganisation (= Volksbühnenbewegung, d.V.!) als Rückgrat des Theaters kann dessen Rentabilität nur erhöhen. Daß nicht privater Geschäftsgeist die kulturelle Mission des deutschen Theaters gefährde, daß sich Staat und Gemeinden weitgehend um ihre Bühnen kümmern und die rechte Persönlichkeit auf den rechten Platz stellen und der Geist der Demokratie, der Menschlichkeit und sozialen Gerechtigkeit mehr und mehr auch die Spielpläne beherrsche, wird an erster Stelle vom neuen deutschen Theater zu fordern sein. Man mißverstehe uns nicht: Der Spielplan kann und darf heute nicht der frohsinnigen unbeschwerten Stücke entraten. Sich darin aber erschöpfen, hieße, das Theater zur bloßen Unterhaltungsstätte herabwürdigen. Verstand und Gefühl, Ethos und Zauber, Menschenwürde und Vergnügen melden ihre Ansprüche an. Wir wünschen ein unbürokratisches, planvoll mit Takt und Energie geführtes, soziales, durchaus sparsam wirtschaftendes Theater, das mit einem Minimum an öffentlichen Subventionen auszukommen bestrebt ist und jede Überbesetzung, jeden Rückfall in vergangene üble Methoden (Stargagen usw.) vermeidet. Wir fordern ein Theater, das, in enger vertraulicher Zusammenarbeit mit dem Publikum, die Zeichen der Zeit versteht und sich neben den Klassikern zum Sprachrohr auch derjenigen Dichter macht, die am großen Umformungsprozeß schöpferisch teilhaben.«[6]

Die kulturpolitische Bedeutung des Theaters wurde allgemein erkannt. Auch die Braunschweigische Staatsregierung sah, daß *»gesunde Verhältnisse im Theater dringend notwendig«* waren. Aber trotz aller Erfolge blieben jene kritischen Stimmen nicht aus, die an einer Verwirklichung der geäußerten Idee eines volksnahen Theaters zweifelten. So in einem Leserbrief in der Braunschweiger Zeitung: *»Von einer Bindung des Theaters an das Volk sind wir immer noch weit entfernt. Ich verkenne nicht die schlechte wirtschaftliche Lage des Theaters. Aber, ein wirklicher Kontakt mit dem Publikum ist noch lange nicht da. Zwar ist noch infolge*

Eine der ersten Inszenierungen im Jahr 1946 war Giacomo Puccinis Oper »*Madame Butterfly*«. Das Szenenfoto zeigt Elisabeth Wenn als Suzuki und Marion Sieß als Butterfly.

des beschränkten Raumes und des Vergnügungsbedürfnisses das Theater immer gut besucht, ohne der Preise und der dargebotenen Werke besonders zu achten. Beifall belohnt wahllos jedes Stück, sei es gut oder schlecht. Aber dies darf darüber nicht hinwegtäuschen, daß der Besuch früher oder später erheblich zurückgehen wird, wenn nicht zuvor breite Schichten der Bevölkerung durch eine feste Bindung zu einer dauerhaften Stütze des Theaters werden.«[7]

Es waren gerade die kritischen Meinungen, die einen positiven Einfluß ausübten und zu Diskussionen sowie zur Leistungssteigerung beitrugen. Dabei bemühte sich das Staatstheater intensiv darum, mit einem bewußt breit angelegten Programmangebot allen Interessen und Wünschen des Publikums und der Zeit gerecht zu werden. Besondere Vorliebe beim Publikum genoß in diesen Jahren des Neuanfangs das Musiktheater. Eine der ersten Inszenierungen im Jahr 1946 war Giacomo Puccinis Oper »*Madame Butterfly*«. Diese Oper hatte »*alle Stürme und Veränderungen überdauert, die über uns hingingen und lächelt und leidet sich wieder in unsere Herzen*«.[8] Es folgte im April Wolfgang Amadeus Mozarts »*Cosi fan tutte*«, eine Oper, die bei ihrer Aufführung sowohl in Braunschweig als auch im Celler Schloßtheater das Publikum zu wahren Begeisterungsstürmen mitriß und den Kritiker der Braunschweiger Zeitung die faszinierte Frage stellen ließ: »*Zeugt es von der krisenhaften Situation des gegenwärtigen Theaters, daß ihm gerade das Ungewöhnliche am Besten gelingt? Herrlich, mit wieviel Geist, Laune und künstlerischem Takt das Staatstheater dieses zarteste und fragilste der Mozartschen Werke anfaßte.*«[9]

Trotz aller Erfolge darf aber nicht vergessen werden, wie schwierig der Theateralltag tatsächlich war. Kälte, Hunger und chaotische Verkehrsverhältnisse bei Gastspielreisen mußten ebenso überwunden werden, wie die erwartungsvolle Ungeduld des Publikums bezüglich des Programmangebotes. Die Probleme aufgrund der äußeren Verhältnisse sowie die Improvisationsfähigkeit zugunsten der Besucherwünsche wurden auch in der Tatsache erkennbar, daß man sogenannte Opernkonzerte im Staatstheater anbot: *»Das Opernkonzert ist eine Form der Darbietung, die die Not der Zeit geboren hat. Man hat sich willig mit ihm abgefunden, das Publikum ist froh, seine Lieblingsstücke wieder zu hören, die ihm einst im Rahmen prächtiger Opernabende geboten wurden, der Sänger führt gern seine großen Nummern gesondert vor, ohne diese erst in das Beiwerk der Rezitation und Ensembles einbetten zu müssen.«*[10] Breit angelegt war das Programm, groß die Begeisterung beim Publikum und herausragend die Leistung der Sängerinnen und Sänger. Regelmäßig mußte daher das Angebot eines Opernkonzertes im Jahr 1946 ermöglicht werden. Auch die Operette fand wieder Eingang in das Repertoire, und zwar mit Lehárs *»Land des Lächelns«*. Ebenso gehörten Schauspiel und Sinfoniekonzerte bereits in der ersten Spielzeit wieder zum festen Spielplan des Staatstheaters. Dabei war das Publikum sensibilisiert für die kritischen, aber auch mahnenden Untertöne der Aussagen auf der Bühne und verstand es, diese auf die Gegenwart zu projizieren. In diesem Sinne konnte der Kritiker bei der Aufführung von Friedrich Schillers *»Don Carlos«* feststellen: *»Als am Schluß jener großen Posa-Szene vor Philipp der stolze Marquis dem Despoten sein: ›Geben Sie Gedankenfreiheit ...!‹ im Namen der Unterjochten zurief, antwortete während des Spiels das Haus mit spontanem Beifall. Er zeigte deutlicher als jede Erörterung, daß man den politischen Sinn und das mächtige Ethos dieses dramatischen Gedichtes verstanden hatte.«*[11] Wie problematisch die hohen Anforderungen an das Publikum aber auch gesehen werden konnten, wurde bei Friedrich Hebbels *»Gyges und sein Ring«* deutlich: *»Dennoch ließ gerade diese Klarheit die Frage aufkommen, ob denn dieses Drama, das ein starres Sittenprinzip über das Menschliche setzt, heute zu spielen notwendig war, da das Theater doch vor allem eine Schule der Menschlichkeit sein sollte«*. Einen Ausgleich boten leichte oder moderne Stücke wie Axel von Ambessers *»Das Abgründige in Herrn Gerstenberg«* oder Klabunds *»XYZ«*, bei dem sich das Publikum aufs beste unterhielt: *»Das besondere Entzücken des weiblichen Publikums bildete ein ganzer Musterkoffer erlesener Stoffe und Kleider für die verwöhnte Frau zwischen den beiden Männern.«*[13]

Am 25. Februar 1946 hatte Heinrich Voigt den Posten des Intendanten von Dr. Jost Dahmen übernommen und konnte das Staatstheater schließlich erfolgreich *»im Zeichen des Neuaufbaus«* weiterführen. Die zweite Spielzeit 1946 — 1947 setzte mit Lehárs *»Lustige Witwe«* ein, und das Schauspiel begann mit zwei Erstaufführungen. Es waren dies die Renaissancekomödie *»Volpone«* und *»Der geprellte Fuchs«* von Ben Jonson in der Nachdichtung von Stephan Zweig. Auffallend war, daß man sich in ganz besonderem Maße um Stücke ausländischer, in erster Linie französischer, englischer und russischer Autoren bemühte. Intendant Voigt begründete dies mit Blick auf das Theaterpublikum folgendermaßen: *»Es wird in unserer Situation leicht übersehen, daß das deutsche Theaterpublikum ein Dutzend Jahre vom lebendigen künstlerischen Leben des Auslands total abgeschnitten war. Das Resultat dieser geisti-*

gen Unzucht ist, daß es, weil es jeden Anschluß verlor, von einem Teil der europäischen und amerikanischen Bühnenproduktion einfach befremdet sein würde ... An den neuen Ton muß man sich erst gewöhnen.«[14] Gleichzeitig wurde damit eine kulturpolitische Zielsetzung bewußt gefördert. So wollte man insbesondere im Bereich des Schauspiels nachweisen, daß *»der Gedanke der Völkerversöhnung, nicht der Verletzung und der einseitigen Tendenzmache, wie wir sie in den vergangenen zwölf Jahren erlebten«*[15], den führenden Gedanken bei der Aufstellung des Spielplanes ausmachte. Dieses hohe Ziel konnte eingelöst werden, wie der Spielplan des Jahres 1946 bewies.

Theater und Politik

Die Programmgestaltung fordert die Frage nach der Theaterpolitik des Jahres 1946 heraus. Diente auf der einen Seite das Theater durchaus der Politik der Nachkriegszeit, so griff auf der anderen Seite die Politik auch in das Geschehen beim Theater ein. Am 15. Februar 1946 wurde der erste Intendant der Nachkriegszeit beim Staatstheater, Dr. Jost Dahmen, durch die britische Militärregierung mit sofortiger Wirkung seines Postens enthoben. Der Oberspielleiter des Schauspiels, Heinz Klevenow, übernahm für einige Tage kommissarisch die Aufgabe, ehe dann am 25. Februar 1946 Heinrich Voigt das Amt als Intendant antrat. Er war bereits 1927 bis 1932 Oberspielleiter des Schauspiels in Braunschweig gewesen und hatte anschließend am Theater in Dessau gearbeitet. An beiden Stellen war er jeweils aufgrund seiner politischen Einstellung entlassen worden. Zunächst kommissarisch tätig, wurde Heinrich Voigt schließlich mit Wirkung vom 1. Juli 1946 durch das Braunschweigische Staatsministerium endgültig zum Intendanten des Staatstheaters Braunschweig berufen, ein Amt, das er bis zum April 1947 innehatte. Mit seiner Tätigkeit setzte jener Wandel im Theaterangebot ein, der in kurzen Zügen bereits beschrieben wurde und der insbesondere die Verlagerung des Schwerpunktes im Theaterangebot auf das Schauspiel mit modernen ausländischen sowie deutschen Dramatikern brachte.

Unzweifelhaft war im Jahr 1946 das Staatstheater das Zentrum des Wiederbeginns kulturellen Lebens in Braunschweig. Dennoch galt es für die Braunschweiger Staatsregierung als Sorgenkind der Kultur, die Stadt Braunschweig sah in ihm sogar eine *»Dunkelkammer«*, hinter deren Kulissen kaum jemand schauen könne und in deren Dunkel sich *»Unsummen«* von Steuergeld verlören. Aus diesem Grunde hatte bereits am 7. Mai 1946 der Oberbürgermeister der Stadt Braunschweig als Abgeordneter im Landtag den Antrag der SPD-Fraktion eingebracht, zwischen dem Land und der Stadt einen neuen Theatervertrag abzuschließen und einen Theaterausschuß zu wählen. *»Man hört, man flüstert, aber etwas Genaues weiß man nicht«*, so führte Oberbürgermeister Ernst Böhme wörtlich aus, es sei daher Zeit, Licht in diese Dunkelkammer zu bringen. Niemand wisse, wer den Auftrag zu den Instandsetzungsarbeiten des Theatergebäudes gegeben habe, die mit einem großen Aufwand an Material und Arbeitskräften begonnen worden seien, dann aber wieder eingestellt werden mußten. Ähnlich verhalte es sich mit der Einstellung des vorigen Intendanten, den Gründen für seine Abberufung, den Anstellungsverträgen der Künstler und der bisherigen Rechnungsführung des Theaters. Zentrale Aufgabe des neuen Theaterausschusses sollte es sein, »*das künstlerische Niveau zu halten und zu heben, und für gerechte Verteilung der Eintrittskarten zu sorgen*«.[16]

Bilanz der Theaterarbeit

Betrachtet man die überregionale Presseberichterstattung und deren Bewertung, so galt das Staatstheater Braunschweig im Jahr 1946 als geradezu vorbildhaft fortschrittlich in der deutschen Theaterlandschaft. Auch in den regionalen Medien wurde deutlich zum Ausdruck gebracht, daß das Staatstheater den allgemeinen Erwartungen entsprach, die unter den gegebenen Bedingungen »*mit Recht an eine moderne Bühne gestellt werden können*«.[17] Besonders wichtig war es für eine zutreffende Bewertung der Leistungen des Theaters im Jahr 1946, Aufgabenstellung und Realisierung in das richtige Verhältnis zu den finanziellen und äußeren Möglichkeiten des Theaters zu setzen. »*Kaum je zuvor waren unseren Bühnen solche Chancen gegeben, wie im verflossenen Jahre. Dem Theater standen alle Tore in die geistige Welt offen. Seine Entschlußfreiheit war kaum behindert. Hat es die wiedergewonnene Freiheit genützt?*«[18] Damit war die zentrale und zugleich kritische Frage gestellt, an der die ersten Monate der neuen Theaterzeit gemessen werden sollten. Im Prinzip kam man zu einem positiven Urteil. Kritisches, aber weltoffenes Schauspiel, mitreißendes Musiktheater und herausragende Konzerte bestimmten dieses Urteil wesentlich. Trotz der Tatsache, daß aus vielfältigen Gründen des öfteren — für manche auch zu oft — populistische Stücke in den Spielplan eingeschoben worden waren, wurde die Gesamtbilanz dennoch statistisch und inhaltlich positiv beurteilt: In der ersten Spielzeit 1945/1946 führte man »*insgesamt 577 Veranstaltungen (einschließlich 181 auswärtigen Gastspielen) durch, die sich zusammensetzen aus 295 Opern- und Operetten-Vorstellungen, 140 Schauspiel-Abenden, 59 Ballett- und Tanzveranstaltungen, 32 Sinfonie-Konzerten, 19 anderen Konzerten und 32 Matineen und Kammermusik-Programmen. Berücksichtigt man dabei noch die beiden Uraufführungen (Williams' ›Die Hirten der lieblichen Berge‹ und das Pichl-Kempkens-Ballett ›Abschied und Wiederkehr‹), ferner das mutige Experiment der Geschichte vom Soldaten (Strawinsky), die interessante Inszenierung des Ambesserschen Gerstenberg, einige ausgezeichnet herausgebrachte Klassiker (›□ Nathan der Weise‹, ›Gyges und sein Ring‹, ›Don Carlos‹), den künstlerisch hohen Rang des Staatstheater-Orchesters und das durchweg gute Niveau der Oper, so ergibt sich eine Bilanz, die sich sehen lassen kann.*«[19]

Zum Vergleich sei nur kurz die Statistik der Spielzeit 1995 — 1996 aufgeführt: 45 Ballettaufführungen, 202 Schauspielaufführungen und 113 Musiktheatervorstellungen. Dies bedeutet, daß unter nicht vergleichbaren äußeren Bedingungen nur noch 2/3 des Angebotes gegenüber 1946 geleistet wurden!

Auch in den Besucherkreisen war die Resonanz positiv, trotz Behelfsmäßigkeit und Unzulänglichkeit der baulichen und technischen Voraussetzungen, zumal der Wiederaufbau des Großen Hauses zu diesem Zeitpunkt stagnierte, und eine Ver-

Heinz Klevenow als Nathan und Jo Wegener als Daja in Gotthold Ephraim Lessings »*Nathan der Weise*«.

besserung allgemein nicht in Sicht war. Kritisch wurde beim Publikum lediglich vermerkt, daß die Eintrittspreise nach wie vor zu hoch und die Organisation des Kartenverkaufs ausgesprochen mangelhaft seien. Aus diesen Gründen könnten es sich Arbeiter und Angestellte weder finanziell leisten, in das Theater zu gehen, noch hätten sie die notwendige Zeit, sich stundenlang nach Karten anzustellen, um sich wenigstens einmal im Monat den Genuß einer Vorstellung oder eines Konzertes zu sichern.

Aber nicht nur in der Stadt Braunschweig lebte 1946 das Theatergeschehen wieder auf. Auch in Wolfenbüttel, Helmstedt, Bad Gandersheim und Bad Harzburg wurde wieder Theater gespielt. Selbst im Ölper Turm fanden begeistert aufgenommene Aufführungen der Niederdeutschen Volksbühne regelmäßig statt.

Der Karren der Thespis wurde erfolgreich aus dem Chaos geführt, die Bühne verkündete Freiheit.

Freie Kulturszene

Durch die besonderen Umstände der Zeit bedingt, war es neben dem Staatstheater vor allen Dingen die freie oder durch private Initiative bedingte Kulturszene, die eine entscheidende Rolle spielte. Es wurde bereits erwähnt, daß allgemein kulturelle Aktivitäten nach dem Ende des Zweiten Weltkrieges zunächst im kleinen Kreis begannen. Privatinitiativen waren es, die hier den Anstoß gaben. Es fanden erste Konzerte im Freundes- und Familienkreis statt, und darüber hinaus wurden noch funktionierende Räumlichkeiten genutzt. Bereits 1945 fand eine Ausstellung mit Kunstwerken statt, die lange verboten und versteckt waren. Landeskonservator Dr. Seeleke erinnert sich: »*Daß sich im Museum die Engländer einnisteten, kam mir sehr zu Nutzen. Das bedeutete verglaste und schützende Fenster und vor allem: Heizung. Über Rollo (der befreundete britische Kunstschutzoffizier) konnte ich dann unten die Räume nutzen. Ich hatte die Sachen bekommen und gesagt: Das mußt Du einfach irgendwo aufhängen, wo es schon mal hier ist. Damals habe ich die Ausstellung mit den Worten eröffnet: Leute kommt und seht Euch diese Bilder an, es wird nicht das letzte Mal gewesen sein, daß diese Werke verboten werden. Es war wirklich andächtig, als unser kleiner Zirkel (Freunde und Bekannte) diese erste Ausstellung sah.*«[20]

Dieser Zeitzeugenbericht bestätigt das bisher Dargestellte eindrucksvoll. Damals sollte bald noch ein weiterer Ort zu einem kleinen Kulturzentrum werden: Schloß Richmond. Zunächst stellten es die Engländer als Depot für gerettete Kunstgüter zur Verfügung, außerdem wurde hier die erste und einzige Restaurierungswerkstatt in Norddeutschland eingerichtet. Mit Unterstützung des englischen Kunstschutzoffiziers Rollo Charles und eines wachsenden Kreises von Kunstinteressierten wurden nun in Richmond Veranstaltungen organisiert, noch bevor auch die traditionellen Kulturinstitute wieder arbeits- und funktionsfähig waren.

So entwickelte sich also in den Jahren 1945 und 1946 zunächst eine frei organisierte Kulturszene, an der sich schließlich auch im Rahmen ihrer gegebenen Möglichkeiten die Institutionen von Stadt und Land beteiligten.

Das eigentliche Kulturzentrum im Jahr 1946 aber war zweifelsohne die Kant-Hochschule, in deren Turnhalle — wie bereits dargestellt — sich das Staatstheater befand und deren Festraum (Aula) mehrfach pro Woche für kulturelle Veranstaltungen aller Art genutzt wurde. Es würde in unserem Zusammenhang zu weit führen, alle diese Veranstaltungsaktivitäten aufzuzählen, die von Vortrags- und Festveranstaltungen bis hin zu Liederabenden, Sonatenabenden, Klavierabenden, Kammermusikabenden sowie Opernabenden reichten und für deren Besuch sich von Fall zu Fall sogar ein regelrechter Schwarzmarkt für Eintrittskarten entwickelte. Dies galt in ganz besonderer Weise für den 12. Juni 1946, als erstmals die Berliner Philharmoniker in der Kant-Hochschule unter Leitung von Sergiu Celibidache spielten. Der Kulturredakteur der Braunschweiger Zeitung, Werner Oehlmann, berichtete damals über dieses Konzert: »*Sehr schnell war es herumgesprochen, daß die Berliner Philharmoniker im Staatstheater spielen würden, und ehe noch die Zeitung die Nachricht brachte, war der Saal ausverkauft. So sitzt man, bewegt von Erinnerung und Erwartung, vor dem Podium der Gäste. Sie kommen nicht in voller Besetzung, manches neue Gesicht ist unter ihnen, und ein neuer Mann steht am Pult, Sergiu Celibidache, ein sehr junger rumänischer Dirigent. Aber als er, mit der leisen und fast unmerklichen Bewegung, auf die dieses Orchester zu reagieren gewohnt ist, den Taktstock zu Schuberts unvollendeter Sinfonie senkt, ist das alte, oft erlebte Wunder da. Unversehens wächst das Ganze zu mächtiger Klangfülle. Es ist das Unvergleichliche dieses Orchesters, daß hier eine Gemeinschaft von Solisten mit der behutsamen Sorgfalt für das Kleinste die Werke der großen Sinfonik musiziert. Es ist beruhigend zu wissen, daß die Tradition dieses Orchesters ungebrochen nach allem Untergang besteht.*

Daß der Dirigent, der heute die große Tradition dieses Orchesters wahrt, seiner einzigartigen Aufgabe gewachsen ist, sagt alles über den Rang seines Künstlertums. Der junge Sergiu Celibidache steht an seinem Platz, an dem er unmittelbar von der Hochschule getreten ist, mit der Sicherheit einer großen Begabung. Er hat die leichte und leise Hand, die feinen Kräfte zum Schwingen zu bringen, und die Kraft des Temperaments, die das Ganze zu Höhepunkten zusammenreiht. Er hat dazu ein klares geistiges Bild der Werke, die er interpretiert. In allen Wandlungen durchgeformt, getragen vom hymnischen Fluß des Choralthemas, klingen Brahms' Haydnvariationen. In edlen Proportio-

Joachim Heinrich Campe (1746 — 1818).

nen, über das festlich schreitende Menuett zum Presto des Finales gesteigert, baut sich Beethovens achte Sinfonie auf. Und dann lebt sich der Urmusiker aus: In der Zigeunerwildheit von Brahms Ungarischem Tanz und im klirrenden Rhythmus von Berlioz Ungarischem Marsch. Brillanter Abschluß eines Musizierens, in dem Tradition und Jugend, gewohnter und neuer Klang sich zum Eindruck der ewig lebendigen Kunst vermischten.«[21] Kurz zuvor hatte das Staatstheater mit seinem Orchester im Mai 1946 das 50. Konzert seit Kriegsende in diesem wunderschönen Raum realisieren können. Am 2. Juli 1946 wurde im Rahmen der Vortrags- und Festveranstaltungen in der Kant-Hochschule ein offizieller Festakt der Stadt Braunschweig in Verbindung mit der Braunschweigischen Staatsregierung zum 200. Geburtstag von Joachim Heinrich Campe (1746 — 1818) veranstaltet. 50 Jahre später fand am 29. Juni 1996 ein vergleichbarer Festakt zum 250. Geburtstag des berühmten Pädagogen und Aufklärers im Forum des Braunschweigischen Landesmuseums statt. Wenn auch die Kant-Hochschule fast wie eine Institution wirkte, so zählte sie doch letzten Endes zu den freien Veranstaltungsstätten, die in zunehmendem Maße für die Kulturaktivitäten im Jahr 1946 erschlossen wurden.

Wie in der Kant-Hochschule fanden vielfältige Musik- und Theaterveranstaltungen an weiteren freien Spielstätten in meist improvisierter Form statt. Man kann auch einprägsam formulieren, daß in den Trümmern und zwischen den Ruinen der Vergangenheit die Kultur unter begeistertem Zuspruch der Bürgerinnen und Bürger Braunschweigs ihre Wiederauferstehung feiern konnte. Als 1946 die Schüler der Städtischen Musikschule ihren ersten Schülerabend veranstalteten, nutzten sie hierzu das Haus des Männergesangvereins, im Dom St. Blasii fanden ab Frühjahr 1946 regelmäßig Konzerte statt. Höhepunkte waren dabei die »*Bach-Kantaten*« und zu Ostern 1946 die erste Aufführung der »*Matthäus-Passion*«. In der Michaelis-Kirche realisierte der Domchor ein Konzert zu den Luther-Tagen, in der Jacobi-Kirche traf man sich zu weiteren kirchlichen Konzerten, und gegen Ende des Jahres 1946 konnte erstmals wieder in St. Aegidien ein Konzert mit katholischer Kirchenmusik stattfinden. Die Presseberichte der Zeit, ebenso Aussagen von Zeitzeugen, lassen deutlich erkennen, daß die kulturellen Angebote überwiegend von einem sehr hohen Niveau und herausragenden Leistungen ebenso geprägt waren, wie von einer tiefgehenden Begeisterungsfähigkeit des Publikums. Immer wieder war in der Braunschweiger Zeitung der Satz zu lesen: »*Wir hungern nach guten Darbietungen*«[22], worin sich nicht zuletzt auch ein entscheidender Teil des Lebensgefühles der Zeit widerspiegelte. Es wurde darüber hinaus betont, daß die Kultur die beste Grundlage für eine neue geistige Bewegung sei, verbunden mit der Hoffnung auf Freiheit und der Möglichkeit zur Überwindung der Schrecken der Vergangenheit.

Wo und wann auch immer es möglich war, nutzte man noch einigermaßen erhaltene Räumlichkeiten für Veranstaltungen. So hatte etwa die Niederdeutsche Volksbühne im Ölper Turm eine Spielstätte geschaffen. Es gab zwei Kleinkunst-Bühnen, und zwar das Kabarett »*Schachbrett*« und die »*Eulenspiegel-Bühne*«. Diese Kleinkunst-Bühnen machten regelmäßige Angebote von Stepp-Tanz bis hin

Bereits 1946 entwickelte sich Schloß Richmond an der Wolfenbütteler Straße zu einem kleinen Kultur-Zentrum der Nachkriegszeit.

zur Akkordeon-Musik, von kritischem Kabarett bis hin zur Märchenbühne für Kinder, und als Motto galt ganz allgemein das Stichwort »*Frohsinn und Heiterkeit*«, die es zu schaffen galt. Es fand aber auch »*Kulturarbeit auf dem Dorfe*« ihren Platz. So berichtete am 3. September 1946 unter dieser Überschrift die Braunschweiger Zeitung: »*Kann ein geistig interessierter Mensch der Großstadt, der in ein Dorf verschlagen wurde, dort ein halbwegs erträgliches Leben führen? Er mußte auch auf dem Lande schlechthin alles entbehren, was sein Dasein in der Großstadt in so angenehmer Spannung hält. Da gibt es weder Sinfoniekonzerte noch Opernpremieren und oft genug nicht einmal einen halbwegs menschenwürdigen Saal, in dem die Wanderbühnen gastieren können. Also: Kulturwüste, dunkle Provinz? Wer dieser Meinung ist, lasse sich durch das kleine Dorf Broitzem vor den Toren Braunschweigs belehren, daß man hier — in einer Gemeinde von rund 1800 Einwohnern einschließlich der Evakuierten und Flüchtlinge — mit dem städtischen Kulturprogramm in fröhlichen Wettbewerb getreten ist.*«[23]

Abschließend sei in diesem Zusammenhang darauf hingewiesen, daß sich überhaupt im Braunschweigischen die Kultur von Woche zu Woche stärker regte. Es entwickelte sich eine breite Kulturbewegung im Lande. In Wolfenbüttel wurde ein Kulturbund gegründet, Konzerte fanden im Gemeindesaal der Marienkirche ebenso statt, wie Vortragsabende zu Goethe und Lessing organisiert wurden. Am 17. Januar 1946 gründete Goslar eine Kulturvereinigung, in Schöppenstedt fanden erste Theateraufführungen statt, und in Watenstedt-Salzgitter realisierte ein neu gegründeter Berufsverband Bildender Künstler seine erste Ausstellung. Die Reihe der Beispiele ließe sich über das gesamte Land Braunschweig verstreut fortführen und würde lediglich die bereits getroffene Feststellung unterstreichen, daß es sich um eine breite Kulturbewegung im Land Braunschweig gehandelt hatte.

Schloß Richmond und die Bildende Kunst

Ein weiteres kulturelles Zentrum sollte sich — wie bereits angedeutet — in Schloß Richmond entwickeln, und zwar noch bevor die städtischen und staatlichen Institutionen wieder aktiviert werden konnten. Nach wie vor blieb dabei die persönliche Initiative entscheidend, und so wurde auch Schloß Richmond »*entdeckt*«: »*Noch '46, gleich nachdem ich Richmond okkupiert hatte, habe ich dort die ersten kleinen Konzerte arrangiert. Ich war ja bekannt in Braunschweig, so hat sich das herumgesprochen, daß wir wieder Kultur machen. Erst war es eine kleine Clique, Freunde und Bekannte, dann ein wahrer Kunstverein. Zuerst spielte die Pianistin Herta Kluge-Kahn, die ›Klimper-Herta‹ wie ich sie nannte, Klavier, brachte manchmal einen Freund mit, der Geiger war, und Rollo besorgte Schnaps. So gings mit den Konzerten und Ausstellungen los. Die besten Bilder aus dem Herzog Anton Ulrich-Museum haben wir auch hierhingehängt, erste, ganz kleine Ausstellungen gemacht.*«[24]

Die erste Ausstellung war eine »*Luther*«-Ausstellung aus Beständen der Herzog August Bibliothek Wolfenbüttel und dem Herzog Anton Ulrich-Museum, die im Februar 1946 eröffnet wurde.

Nach einer Ausstellung über Worpsweder Maler im Mai folgte als Höhepunkt im Juni 1946 im Rahmen der Braunschweiger Kulturwoche eine Ausstellung »*Gerettete Meisterwerke*«. In dieser Ausstellung wurden die wichtigsten Werke aus Berliner Museen präsentiert, die in der Werkstatt im Schloß Richmond restauriert werden konnten und nun erstmals wieder der Öffentlichkeit zugänglich gemacht wurden. Schwerpunkt der Präsentation waren Werke der Romantiker wie Caspar David Friedrich, Karl Blechen und anderen, vor denen ununterbrochen in großen Mengen die Menschen staunend standen. Immer wieder wurde über die langen Schlangen der Menschen berichtet, die vor der Eingangstür geduldig warteten, um bei freiem Eintritt diese Ausstellung besuchen zu können. An die geradezu abenteuerlichen Hintergründe, die zur Entstehung dieser Ausstellung in Braunschweig geführt hatten, erinnerte der Landeskonservator in seiner Eröffnungsansprache: »*Als ich vor fast einem Jahr in das Salzbergwerk Grasleben zum ersten Mal einfuhr, entdeckte ich Gemälde aus einem bekannten deutschen Museum, die unverpackt und infolge der Brandwirkung eines unter Tage entstandenen Feuers schwer angegriffen waren. Ich hatte kaum Hoffnung, daß fachliche Hilfe noch möglich war, um manche dieser Gemälde, die nur noch wie versengte und wie mit Salz überzogene Bretter wirkten, zu retten. Mit tatkräftiger Unterstützung des um die Bergung von gefährdeten Kunstgütern sehr verdienten englischen Kunstschutzoffiziers Major Charles wurden die Bilder an einem besonders trockenen Tag nach Braunschweig überführt und in einem in bezug auf Temperatur und Feuchtigkeit dauernd kontrollierten Raum gebracht; denn jede unvorsichtige Berührung der mit Salzstaub bedeckten Gemälde mit der atmosphärischen Luft hätte unwiederherstellbare Schäden hervorgerufen. In dem Restaurator Herzig fand ich einen Mann, dem ich die konservatorisch ganz besonders schwierige Aufgabe der Wiederherstellung dieser Kunstwerke anvertrauen konnte. Die Tatsache, daß nach monatelanger behutsamster Vorbereitung fast alle Gemälde in ihrer alten Qualität wiederhergestellt werden konnten, darf als einer der größten Erfolge moderner Restaurierungskunst angesehen werden. Dank des tatkräftigen Verständnisses des Landesdirektors Schlebusch erkannte das Land Braunschweig sofort nach der Besetzung durch die alliierten Truppen eine besonders verpflichtende Aufgabe in der Fürsorge für infolge der Kriegsentwicklung heimatlos gewordenes Kunstgut und darf neben Marburg und Celle als bedeutendste Kunst-Pflegestätte im unmittelbaren Sinn des Wortes in der englisch-amerikanisch besetzten Zone Deutschlands angesehen werden.*«[25]

Der enorme Publikumserfolg der Ausstellung führte zu einer immer regeren Nutzung von Schloß Richmond, wo nun regelmäßig Konzerte, Lesungen und weitere Ausstellungen, etwa des Kunstvereins, stattfanden. Dabei entwickelte sich allmählich Schloß Richmond zu einem der interessantesten Kulturzentren in der Stadt Braunschweig, aber auch für die gesamte Region.

Am 12. Juni 1946 fand hier auf Einladung der britischen Militärverwaltung die erste Tagung des Denkmal- und Museumsrates statt, bei dem Konservatoren und Museumsdirektoren aus Nordwestdeutschland (Britische Zone) tagten, die zuvor stets nur im englischen Hauptquartier zusammengetroffen waren. Bei den Vorträgen der Braunschweiger Vertreter wurde vor allem auf die für Braunschweig besonders glückliche Zusammenarbeit zwischen Vertretern der Denkmalpflege, der Technischen Hochschule, den staatlichen sowie städtischen und kirchlichen Bauämtern hingewiesen und deutlich gemacht, daß in dieser Kooperation die lokale Stärke der Kultur begründet lag.

Als unbestrittenen Höhepunkt bei der Rettung von Kulturgütern sah die Öffentlichkeit zweifelsohne die Rückführung des Braunschweiger Burglöwen an. Erneut spielte eine entscheidende Rolle der britische Kunstschutzoffizier Rollo Charles, der den Landeskonservator bei der Lösung der logistischen Probleme tatkräftig unterstützte. Am Dienstag, dem 23. Oktober 1945, fand die Rückholung des Burglöwen statt. Hören wir zu diesem Ereignis noch einmal Dr. Kurt Seeleke:

»Ich hatte Angst um den Löwen. Er war in Goslar im Rammelsberg zusammen mit Mathilde und Heinrich eingelagert gewesen. Als wir nach dem Krieg hinfuhren, fanden wir das Depot wider unserer Erwartung unbewacht, doch hatte man hier schon polnische DP's gesichtet. Zum Glück fanden wir ihn fast unbeschädigt. Aber russische Fremdarbeiter hatten ein Loch in sein Hinterteil geschlagen, weil sie in ihm Gold vermuteten. '45 holten wir ihn dann zurück. Die Leute standen auf den Feldern und freuten sich. Es war fast eine Prozession, als der Löwe wieder in die Stadt kam.«[26]

Der Braunschweiger Burglöwe wurde schließlich am Sonnabend, dem 30. März 1946, wieder auf dem Burgplatz auf seinem angestammten Sockel aufgestellt. In Anwesenheit von Herzog Ernst August und Herzogin Victoria Luise wertete Ministerpräsident Hubert Schlebusch das Aufstellen des Braunschweiger Burglöwen *»als ein gutes Zeichen für den Wiederaufbau der Stadt Braunschweig ..., die aus Schutt und Asche wieder neu erstehen soll.«*[27] Mit diesem geradezu symbolhaften Akt verband er die Hoffnung, daß zukünftig das Leben in der Stadt und um den Burglöwen herum von einem friedlichen Aufbau in Stadt und Land bestimmt und ein Geist erweckt werde, *»der in einem geordneten demokratischen Gemeinwesen der Stadt und dem Lande eine bessere und glücklichere Zukunft schafft.«*[28] In allen Aktivitäten und Worten dieser Monate verbanden sich also mit den Zeichen der Vergangenheit, die zunehmend wieder ihren Platz in der Stadt fanden, zugleich Hoffnungen für eine glückliche Zukunft der Menschen, der Stadt und dem Lande Braunschweig. Geschichte und die Erinnerung an die große historische Vergangenheit Braunschweigs wurden also nicht als Last oder Hemmnis empfunden, sondern galten als Motor und Symbolik für Fortschritt und eine humane Zukunft. Selten ist die Bedeutung der Vergangenheit so entschieden als Grundlage für die Zukunft verstanden worden wie in diesem so wichtigen Jahr 1946.

Neben den bereits erwähnten Ausstellungen im Schloß Richmond fanden aber auch kleinere Ausstellungen an anderen Orten statt, bei denen die sogenannten Schaufensterausstellungen eine besondere Erwähnung finden sollten. Dabei organisierte die Ramdohrsche Buch- und Kunsthandlung Ausstellungen mit Gisela Ernst-Porträts, mit Werken von Theo Pfeil u. a. Die Kunsthandlung Fahrig präsentierte

Das Haus Salve Hospes wurde am 17. Februar 1946 als Kulturzentrum durch Oberbürgermeister Ernst Böhme wieder eröffnet.

von Erhardt Klepper die Bildfolge »*Die Trauergesellschaft*«, und die Buchhandlung Neumeyer organisierte regelmäßige Ausstellungen in ihren Schaufenstern, aber auch Grafikausstellungen im Zusammenhang mit den Theateraufführungen in der Kant-Hochschule. Die Kultur lebte in allen Winkeln der Stadt auf.

Drehscheibe der Kultur: Haus Salve Hospes

Auch der Braunschweiger Kunstverein nahm seine Aktivitäten und Ausstellungen wieder auf. Die ersten Ausstellungen wurden noch im Schloß Richmond gezeigt, so über den Bad Harzburger Maler Hans Stöhr, bevor nach der Wiedereröffnung des Hauses Salve Hospes der Kunstverein in der zweiten Hälfte des Jahres 1946 eine Wilhelm Busch-Ausstellung in seinem Ausstellungsprogramm realisierte und im November als zweite Ausstellung im Haus Salve Hospes Werke des Bildhauers Ludwig Kasper, der als Lehrer an der damaligen Werkkunstschule (heutige HBK) gelehrt hat, präsentierte.

Im Jahr 1946 übernahm der Braunschweiger Oberbürgermeister Ernst Böhme den Vorsitz des neu konstituierten

Lovis Corinth »*Bildnis der Gräfin Finkh*«, 1907. Das Bild aus dem Bestand der Galerie des 20. Jahrhunderts in Berlin zählte zu den herausragenden Zeugnissen der bedeutenden Frühjahrsausstellung 1946 im Haus Salve Hospes »*Befreite Kunst*«.

Kunstvereins. Als oberstes Ziel der zukünftigen Ausstellungstätigkeit formulierte der Vorsitzende den Anspruch, »*den einst verfemten Künstlern bald wieder eine echte Heimstätte im Herzen unserer Kunstfreunde*«[29] zu geben. Zur Verbesserung der Gesamtsituation im Ausstellungswesen und der Kulturaktivitäten sollte dabei insbesondere das Haus Salve Hospes dienen. Dieses wurde am 17. Februar 1946 mit der Ausstellung »*Schöne Form des Kunsthandwerks*« der Braunschweiger Öffentlichkeit wieder zugänglich gemacht. In erster Linie war daran gedacht, daß es in der Betreuung des Städtischen Kulturamtes als kulturelle Drehscheibe der Stadt genutzt werden konnte. Es war dies ein Anfang institutioneller Kulturarbeit, noch bevor die Museen in Braunschweig die Möglichkeit hatten, mit eigenen Veranstaltungen und Ausstellungen wieder aktiv zu werden. Bei der Eröffnung der Ausstellung am 17. Februar 1946 und der damit verbundenen Übergabe des Hauses Salve Hospes an die Bürgerschaft unterstrich Oberbürgermeister Ernst Böhme die Bedeutung der Kultur für die städtische Politik insgesamt und betonte, daß ein kulturelles Programm entwickelt werden muß, »*das ungeachtet der sozialen Lage des Einzelnen jedem interessierten Mitbürger zugängig gemacht werden soll.*«[30] Damit waren die sozialpolitische Bedeutung und der Anspruch der Kultur unmißverständlich dahingehend formuliert, daß Kultur unabhängig von allen formalen Vorgaben als vordringliche kommunale und staatliche Pflichtaufgabe definiert war. Man sollte auch heute gelegentlich wieder an diese Tatsache erinnert werden, denn im Gegensatz zur heutigen Zeit waren die Nachkriegsjahre wirkliche Notzeiten, aber die Not schlug sich nicht in einer planlosen Kulturdemontage nieder, sondern im Gegenteil. Der Oberbürgermeister unterstrich die wichtige Rolle etwa des Kunstvereins, forderte eine gerechte Verteilung der Eintrittskarten für das Theater für die werktätige Bevölkerung, wies auf den Wiederaufbau der Städtischen Bibliotheken ebenso hin, wie auf die Bauarbeiten im Städtischen Museum. Aber auch die Staatlichen Museen waren damals ein besonderes Anliegen der Stadt Braunschweig, denn zukunftsorientiert hatte Ernst Böhme gerade deren Bedeutung für den Kulturstandort Braunschweig längst erkannt.

Die grundsätzliche kulturpolitische Bedeutung der damals umfassend angelegten Rede erscheint uns von so großer Wichtigkeit, daß wesentliche Teile der Berichterstattung hierzu noch einmal in Erinnerung gerufen werden müssen: »*So soll in Verbindung mit der früher bewährten freien Volksbühne eine Organisation geschaffen werden, um einen Teil der Eintrittskarten für die werktätige Bevölkerung zu sichern. Die Bibliotheken befinden sich im Wiederaufbau. Im Städtischen Museum sind die Arbeiten so weit vorgeschritten, daß in absehbarer Zeit der Lichthof für kulturelle Veranstaltungen herangezogen werden kann. Drei große Räume im ersten Stock werden bald der Öffentlichkeit übergeben werden können (. . .). Das Ausstellungsprogramm des Anton-Ulrich-Museums, das so erfolgreich begonnen wurde, wird fortgesetzt. In neuen Ausstellungen soll das Gesamtwerk des Braunschweigers Kurt Mohr gezeigt werden, der im März 60 Jahre alt wird. Eine ähnliche Ehrung ist für Käthe Bewig gedacht, die kürzlich 65 Jahre alt wurde. Die im Braunschweiger Besitz befindlichen Werke des aus Greene gebürti-*

Das Bild »*Mooralte und Kind*« des braunschweigischen Malers Fritz Mackensen (1866 — 1953) war Teil der umfassenden Präsentation der Werke von Mackensen im Rahmen der Ausstellung »*Worpsweder Maler*« von April bis Mai 1946 in Schloß Richmond.

FRÜHJAHRS-
KUNSTAUSSTELLUNGEN
BRAUNSCHWEIG

19 46

1. BEFREITE KUNST
im Hause „SALVE HOSPES" *Lessingplatz 12*
vom 28. APRIL *bis* 10. JUNI 1946

2. WORPSWEDER MALER
in SCHLOSS RICHMOND
vom 22. APRIL *bis* 26. MAI 1946

Titelblatt des kleinen Führers zu den Frühjahrs-Kunstausstellungen in Braunschweig im Jahr 1946.

Am 1. April 1946 wurde die Volkshochschule im Seitengebäude des Hauses Salve Hospes wieder eröffnet.

gen großen Worpsweder Malers Fritz Mackensen sollen zum 6. April in einer kleinen Schau im Schloß Richmond zusammengefaßt werden, um damit dem Nestor der niederdeutschen Maler zum 80. Geburtstag zu gratulieren. Eine Reihe von Ausstellungen ist im Hause Salve Hospes geplant.

Das Städtische Museum hat seine Münzsammlung fertiggestellt, die demnächst in Verbindung mit Briefmarken, Briefmarkenentwürfen und einer Einführung in die Herstellung der Briefmarken gezeigt werden wird. Der Architektur als tragender Kunst im Wiederaufbau Deutschlands wird in Braunschweig, das bereits Sitz der Sektion Niedersachsen der Deutschen Akademie für Städtebau wurde, eine besondere Stätte gegeben werden. In Kürze wird auch die ›Literarische Gesellschaft‹ wieder auf den Plan treten, um die intime Kenntnis der seit 1933 verbotenen Literatur zu vermitteln. Die ›Literarische Gesellschaft‹ ist in Aussicht genommen, aus Braunschweig wieder ein literarisches Zentrum zu machen, das es in früheren Zeiten war.

An neuen Veröffentlichungen bereitet die Stadt gegenwärtig die ›Braunschweiger Blätter‹ vor, die in zwangloser Folge wieder erscheinen sollen, ferner das ›Braunschweiger Jahrbuch‹, das Beiträge aus sämtlichen kulturellen Gebieten bringen wird, und das ›Braunschweiger Lesebuch‹, in dem Prosastücke und Gedichte jener Dichter und Schriftsteller Aufnahme finden sollen, die in Braunschweig geboren sind, oder denen Braunschweig zur zweiten Heimat wurde. Der mit der Vernichtung des Raabe-Museums zerstreute Nachlaß Wilhelm Raabes wurde wieder gesammelt und im Städtischen Museum und im Städtischen Archiv untergebracht (. . .).

Weiter erinnerte der Oberbürgermeister daran, daß in Kürze das bekannte ›Braunschweiger Marionetten-Theater‹ wieder in Betrieb gesetzt und eine mundartliche Bühne wieder belebt werden soll. In Verbindung mit dem deutschen Spracharchiv, das sich als Institut der Kaiser-Wilhelm-Gesellschaft zur Förderung der Wissenschaft in Braunschweig befindet, werden künftig auch Hirnverletzte wenigstens teilweise wieder geheilt werden. Die Frage der Erwachsenenbildung ist soweit bearbeitet, daß in Kürze mit Vorlesungen, Vorträgen usw. begonnen werden kann. Ein umfangreiches Komitee ist mit den vorbereitenden Arbeiten beschäftigt. Zum Schluß seiner Rede widmete der Oberbürgermeister das schöne Haus Salve Hospes wieder ganz dem kulturellen Leben der Stadt Braunschweig.«[31]

Das Haus Salve Hospes war aber auch 1946 der Ort, an dem die Braunschweiger Volkshochschule ihren Neubeginn fand. Am 1. April 1946 wurde die Volkshochschule eröffnet, und in der Gründungsnachricht hieß es: »*Sehr viele unter uns werden das Bedürfnis haben, nach den vergangenen zwölf Jahren wieder Zugang zu den ewigen Quellen deutscher Bildung zu erhalten. Hinzu kommt die große Schar junger Männer, die mit 16 Jahren in den Krieg zogen und die heute, zuweilen ratlos, in der neuen Welt Anschluß suchen. Ihnen muß die besondere, auch geistige Fürsorge gelten.*«[32] Schwerpunkte des Programms waren anfangs Literatur und Geschichte, besonders braunschweigische Geschichte, und die Angebote fanden großen Zuspruch. Aber auch praktische Themen wie Physik und Chemie wurden angeboten, um in ausgewogener Weise sowohl fortbildendes, weltanschauliches Material aus Geschichte und Gegenwart dem Hörer zu unterbreiten, als auch seine rein fachliche Fortbildung zu fördern. Sehr bald zeigte sich, daß über dieses Erstangebot hinaus ein dringender Bedarf an naturwissenschaftlichen Vorträgen und Fortbildungsmaßnahmen bestand, um die in der Zwischenzeit eingetretenen Fortschritte der Mathematik und die technischen Neuerungen der modernen Zivilisation kennenzulernen, denn gerade hier waren praktische Lebenshilfen für die neuen Bedingungen im Berufsleben gefragt. Schon kurz nach der Eröffnung der Volkshochschule hatten sich mehr als 3 000 Hörer angemeldet, eine Zahl, die kaum bewältigt werden konnte. Neben einer Reihe von Vorträgen, wie sie etwa zur Kunstgeschichte angeboten wurden, fand eine Vortragsreihe zum Thema »*Fragen der Gegenwart*«, die die Volkshochschule in der Kant-Hochschule ab dem 16. November 1946 anbot, außergewöhnliche öffentliche Aufmerksamkeit. Behandelt wurden dabei Themen, wie

- »*Das Bild des Menschen in der Krisis der Gegenwart*«
- »*Das geistige Leben in der Geschichte*«
- »*Diplomatische Vorgeschichte des Kriegsausbruchs 1939*«
- »*Neuere Geschichtslegenden und ihre Widerlegung*«.

Mit dieser Vortragsreihe begann also die Volkshochschule in Braunschweig noch im Jahr 1946 die Auseinandersetzung mit den drängenden, aber meist verdrängten Fragen der eigenen Geschichte der jüngsten Zeit. Es war dies ein einzigartiges Projekt in Deutschland. Aber trotz der großen Zuhörerzahl war diese Aufarbeitung der unmittelbaren Vergangenheit keineswegs unumstritten beim Publikum. Auch dies gehörte zu den Problemen der Kultur im Jahr 1946.

Städtisches Museum

Wie von Oberbürgermeister Ernst Böhme angekündigt, konnte das Städtische Museum tatsächlich im Mai 1946 seine Bestände teilweise wieder der Öffentlichkeit zugänglich machen. Die Kriegszerstörung am Gebäude und seinen Ausstattungen waren erheblich. Das Dach, die Türen, die Fenster und alle Einrichtungsgegenstände waren zerstört worden. Der Lichthof, alle Ausstellungssäle, Verwaltungsräume, Magazine und Werkstätten waren durch Bomben sowie Wassereinbrüche schwer beschädigt, und die notwendigen Arbeiten waren aufwendig und sollten noch lange Zeit in Anspruch nehmen. Aber noch vor dem Abschluß dieser Arbeiten konnten einige Sammlungsabteilungen *»in gegenwartsnaher Aufstellung dem Publikum neu vorgestellt, Sonderausstellungen und Vortragsveranstaltungen durchgeführt werden.«*[33] Erste Ausstellungen fanden sogar noch vor der Wiedereröffnung des Hauses statt, und zwar zu Werken von Kurt Mohr, Käthe Bewig und Professor Thon. Schließlich wurde mit einer Ostasien-Schau die eigentliche Neueröffnung des Städtischen Museums gefeiert. Im Herbst 1946 gab es dann Ausstellungen mit Werken des Künstlers Karl Walter aus München und — viel beachtet — zu dem Thema *»Von der Not der Zeit«*. Bei dieser letzteren Präsentation handelte es sich um eine Kunstausstellung mit Aquarellen und Handzeichnungen von Christian Arnold und Gerd Burtschen zu den Themen *»Totentanz 1946« — »Hoffnung« — »Brot« — »Hunger« — »Liebe« — »Heimat«*. Durch künstlerische Reflektion sollte dem Betrachter ein Weg aufgezeigt werden, die Probleme der Gegenwart zu bewältigen.

So war das Städtische Museum das erste der Museen in Braunschweig, das seinen Betrieb wieder aufnehmen konnte. Es hat dies auf der Grundlage einer vorwärtsgerichteten kulturellen Gesamtkonzeption der Stadt Braunschweig auch erfolgreich getan.

Und die anderen Museen?

Herzog Anton Ulrich-Museum

Das Herzog Anton Ulrich-Museum überstand den Krieg besser als viele andere vergleichbare Sammlungen. Das Haus selbst an der Museumsstraße war unversehrt geblieben, die ausgelagerten Sammlungen bei Kriegsende noch intakt. Es war schon eine Ironie der Geschichte, daß erst in den Anfangswirren der Monate nach dem Zusammenbruch Beschädigungen an Gemälden entstanden, und das Museum nun noch den Verlust schwer zu verschmerzender Teile der herausragenden kunstgewerblichen Bestände im Ostharz beklagen mußte. Noch bis zum Jahr 1950 allerdings sollte es dauern, bis die Wiedereinrichtung des Herzog Anton Ulrich-Museums in größerem Umfang beginnen konnte. Der damalige Direktor Dr. August Fink merkte dazu in seiner *»Geschichte des Herzog Anton Ulrich-Museums in Braunschweig«* an: *»Als eines der wenigen erhaltenen großen Gebäude der Stadt war es bis dahin [1950] von der Besatzungsmacht beschlagnahmt* *mit Ausnahme des Erdgeschosses, in dem sich nach und nach die geretteten Kunstschätze auf beengtem Raum wieder zusammenfanden. Nur Teile von ihnen konnten als Wechselausstellungen in wenigen Sälen, zeitweise auch in dem Schlößchen Richmond am Stadtrande, gezeigt werden.«*[34] Im Museum selbst fand eine erste kleine Wiedereröffnung ebenfalls schon im Jahr 1946 statt. Am 1. Dezember 1946 konnte die Sonderausstellung »*Antike Vasen*« eröffnet und damit das Museumsgebäude erstmals wieder der Öffentlichkeit in begrenztem Maße zugänglich gemacht werden. Es darf in diesem Zusammenhang jedoch nicht vergessen werden, daß sich das Herzog Anton Ulrich-Museum insbesondere mit Ausstellungen außerhalb seines Gebäudes in herausragender Weise präsentieren konnte. So zählte seine Ausstellung »*Rembrandt und sein Kreis*« unzweifelhaft zu einem der beiden Höhepunkte der Ausstellungsprojekte im Jahr 1946. Die gezeigten Handzeichnungen und Radierungen aus dem Besitz des Museums wurden gemeinsam mit sechs Rembrandt-Gemälden präsentiert und zeigten Werke des Meisters, seiner Schüler und Nachahmer in einer didaktisch so geschickten Präsentation, daß sich in Abschnitten das Lebenswerk dieser herausragenden Künstlerpersönlichkeit widerspiegelte. »*Rembrandts Handzeichnungen und Radierungen finden selten den Weg aus den Mappen der Sammler oder der Museen an die Öffentlichkeit.*

Die Ausstellung, die in übersichtlicher Form eine Auswahl seiner Radierungen in seltenen Zuständen und bester Qualität bringt, zeigt dem Betrachter rasch, daß sich hier eine von seiner Malweise ganz verschiedene Kunst entwickelt hat, die ihre eigene, eindringliche Sprache spricht. Aus seinem ›Hundertguldenblatt‹ oder aus dem erschütternden ›Es ist vollbracht‹ spricht eine solche seelische Tiefe und ein so umfassendes religiöses Erlebnis zu uns, wie kaum aus seinen späteren Gemälden. Die Linie wird zur kraftvollen Sprache, und schon früh, bereits in der ›Verkündigung an die Hirten‹ von 1634, wird das Helldunkel in bewußter Weise zum Aufbau der Kompositionen, zum Lösen und Binden, zum Ausdrucksmittel für sein Erleben, verwendet.«[35] Diese Ausstellung wurde ein großer Erfolg, und betrachtet man nun noch die im Haus Salve Hospes präsentierte Ausstellung »*Freiheit der Kunst*« — eine Ausstellung, die wöchentlich über 3000 Besucher angezogen hatte —, so wird die enorme kulturpolitische Bedeutung der Kunst im allgemeinen und des Ausstellungswesens im besonderen schlaglichtartig aufgezeigt. Erneut wurde die Zielsetzung deutlich zum Ausdruck gebracht.

Diese Kunstausstellungen nämlich sollten der Öffentlichkeit vergegenwärtigen, »*wie notwendig es ist, den gerade in Dingen der bildenden Kunst monströs verzerrten Instinkt des Publikums durch sorgfältig ausgesuchte Werke auf richtige Wege zu lenken.«*[36] Es sei daher noch einmal an das kulturpolitische Grundsatzprogramm von Oberbürgermeister Ernst Böhme erinnert.

Ganz anders dagegen stellte sich die Situation für das

Braunschweigische Landesmuseum für Geschichte und Volkstum

dar, dem heutigen Braunschweigischen Landesmuseum.

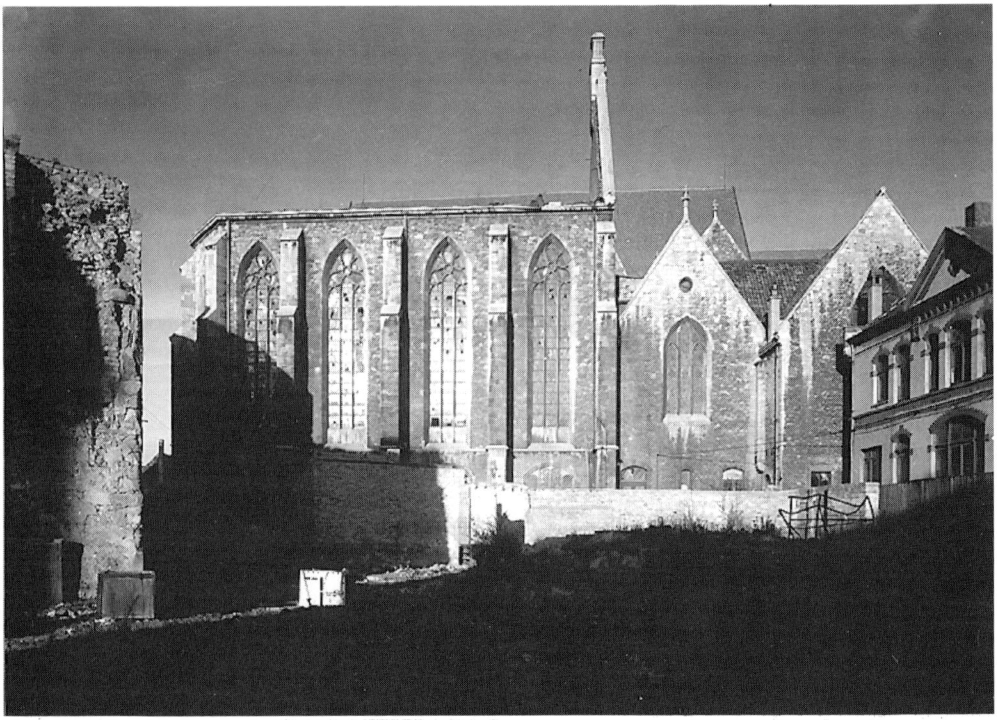

Das Dach des Pauliner-Chores war durch Bomben zerstört, so daß das Museumsgebäude nicht weiter genutzt werden konnte. Seine Instandsetzung wurde von der Landesregierung Niedersachsen erst Ende der 1950er Jahre schrittweise ermöglicht.

Im Jahr 1906 Hinter Aegidien im Kloster St. Aegidien und der Aegidienkirche als kulturhistorisches Museum eingerichtet, hatte das Braunschweigische Landesmuseum für Geschichte und Volkstum am Ende des Zweiten Weltkrieges den größten Teil seiner Ausstellungsräume, seiner Magazine und seiner Arbeitsräume verloren. Das Bortfelder Bauernhaus im Museumshof wurde vollständig zerstört, Dormitorium und Pauliner Chor waren durch Bomben schwer beschädigt. Nach Kriegsende wurde die Aegidienkirche außerdem der katholischen Kirchengemeinde in Braunschweig als Ersatz für die zerstörte Nicolai-Kirche zur Verfügung gestellt, womit nicht nur der größte und bedeutendste Ausstellungsraum endgültig verloren gegangen war, auch große Teile der anderen Räumlichkeiten konnten vorerst nicht genutzt werden. Durch Plünderung und Zerstörung waren bei den ausgelagerten Sammlungsbeständen unersetzliche Verluste eingetreten, die noch vorhandenen bedeutenden Sammlungsgegenstände aber auf eine kleine Restfläche zusammengedrängt gestapelt und nicht präsentierbar zusammengeführt. Damit war die Arbeit dieses Museums im Jahr 1946 völlig unmöglich gemacht, lediglich kleinere und mühsame Sicherungsarbeiten der Bestände fanden statt, museale Aktivitäten für die Öffentlichkeit blieben undenkbar. Erst 1949 erfolgte

Eine berühmte braunschweigische Schriftstellerin: Ricarda Huch (1864 — 1947).

eine provisorische Sicherung des Pauliner Chores durch einen Dachstuhl, um den weiteren Verfall des Gewölbes zu verhindern. Es sollte schließlich noch bis 1960 dauern, ehe die ersten renovierten Schauräume wieder zugänglich waren, und bis dahin blieben die Museumsaktivitäten auf Magazinarbeiten und kleinere Sonderausstellungen beschränkt. Interessant ist auch in diesem Zusammenhang die Feststellung des damaligen Museumsdirektors, Dr. Alfred Tode, der letzten Endes nur noch resigniert darauf hinweisen konnte, daß dem Hannoverschen Landesmuseum sehr bald schon mehrere 100000 Mark zum Wiederaufbau zur Verfügung gestellt wurden, während das Braunschweigische Landesmuseum für Geschichte und Volkstum mit einem Wiederaufbaubetrag von jährlich 1500 Mark abgespeist wurde. In solchen Beispielen wurden auch Signale gesehen für die Gefahr einer zukünftigen Entwicklung, bei der das Land Braunschweig zugunsten Hannovers seine Eigenständigkeit verlieren sollte.

Noch im Mai 1946 hatte daher der Abgeordnete Rieke in der Sitzung des Braunschweigischen Landtags ausdrücklich darauf hingewiesen, daß das Staatsministerium beauftragt werden müsse, alle möglichen Schritte zu unternehmen, um die Bevormundung Braunschweigs durch die hannoverschen Behörden unverzüglich zu beseitigen. Die Abstimmung über diesen Dringlichkeitsantrag erfolgte einstimmig und war nicht zuletzt ein Signal für eine Volkstimmung, die von der bisher geschilderten Hoffnung auf eine positive Zukunft abwich und Ängste gegenüber einer hannoverschen Annexionspolitik schürte, deren Überwindung auch für die Kultur eine wichtige Aufgabe des Jahres 1946 darstellte.

Wer den durchaus schwierigen Weg zum Neuanfang bei den Museumseinrichtungen nachvollzieht, wird unschwer verstehen können, welch enorme Bedeutung private kulturelle Initiativen auf der einen Seite und die Schubkraft des Staatstheaters auf der anderen Seite für die kulturelle Entwicklung und Kulturpolitik des Landes Braunschweig auf jenem Weg zu einer stabilen Demokratie im Jahre 1946 tatsächlich darstellten. Letzten Endes aber schufen alle gemeinsam jenes Fundament, auf dem auch die Kultur im Dienste der Menschen kritisch und frei, demokratisch und selbstbestimmt wirken konnte.

»Dichter unserer Zeit« — Literatur im Jahr 1946

Abschließend sei auch noch ein Blick auf die Situation der Literaturvermittlung im Jahr 1946 geworfen. Neben den bereits erwähnten vielfältigen Lesungen an verschiedenen Orten ist in diesem Zusammenhang vor allen Dingen ein Zyklus von Lesungen und Vorträgen zum Thema *»Dichter unserer Zeit«* der Kant-Hochschule hervorzuheben.

Bereits im Januar 1946 begann diese öffentliche Auseinandersetzung mit der Literatur, und es dürfte gewiß kein Zufall gewesen sein, daß man sich am 25. Januar 1946 als erste literarische Person

— Ricarda Huch

zum Thema gewählt hatte. In seinem Vortrag skizzierte damals Werner Oehlmann das Leben der aus Braunschweig stammenden Schriftstellerin, die zu diesem Zeitpunkt noch in Jena lebte. Als erste Frau war sie in die Sektion für Dichtkunst der Preußischen Akademie der Künste in Berlin gewählt worden, und entschieden hat sie mit ihrem Austritt am 9. April 1933 ein Zeichen gegen die nationalsozialistische Judenhetze und Brutalität des Regimes gesetzt, auch wenn ihr Austritt von den Nationalsozialisten lange Zeit vertuscht worden war. Oehlmann knüpfte insbesondere an diesen Austritt aus der Akademie an und deutete in seinem Vortrag diese Tat als Zeichen dafür, daß *»einem ganzen Geist — und Freiheit mordenden System das Urteil«* gesprochen worden war.

Weitere Abende im Jahr 1946 galten dann Stephan Zweig, Franz Werfel, Heinrich Heine, Kurt Tucholsky, Johann Wolfgang von Goethe, für den die Stadt darüber hinaus am 28. August 1946 eine Goethe-Feier im Schloß Richmond veranstaltete sowie Gerhart Hauptmann, dem nach seinem Tod (6. Juni 1946) eine Gedenkstunde im Haus Salve Hospes gewidmet wurde.

Oberbürgermeister Ernst Böhme hatte in seinem Vortrag am 17. Februar 1946 auch darauf hingewiesen, daß aus Braunschweig wieder ein literarisches Zentrum gemacht werden solle, wie es dies zu früheren Zeiten gewesen war. Aber gerade mit den aus Braunschweig stammenden Schriftstellerinnen und Schriftstellern hatte sich die Stadt immer wieder besonders schwer getan, und dies galt (und gilt) für Ricarda Huch und andere Mitglieder der Familie ebenso wie etwa für Wilhelm Raabe. Berücksichtigt man jedoch den ideologischen Mißbrauch, den nicht zuletzt die Mitglieder der Gesellschaft der Freunde Wilhelm Raabes während der Zeit des Nationalsozialismus mit diesem Dichter und seinen Werken betrieben hatten, so muß man es als eine besonders mutige und vorausschauende Entscheidung von Oberbürgermeister Ernst Böhme ansehen, in seiner bereits erwähnten Rede gerade auf Wilhelm Raabe einen besonderen Schwerpunkt gelegt zu haben. Er führte dazu aus: *»An geeigneter Stelle wird ein ›Raabe-Zimmer‹ mit den wesentlichsten Erinnerungsstücken eingerichtet werden. Hier soll zugleich das Gedenken an jene Dichter und Forscher gepflegt werden, deren Name mit Braunschweig untrennbar verbunden ist. Die Stadt beabsichtigt, den beiden Töchtern des Dichters auf Lebenszeit einen Ehrensold auszusetzen. Darüber hinaus wird die Stadt Braunschweig eine wissenschaftliche Ge-*

In der zweiten Hälfte seines Lebens in der Stadt Braunschweig zu Hause: Der weltbekannte Schriftsteller Wilhelm Raabe (1831 — 1910).

samtausgabe der Werke Wilhelm Raabes veranstalten, zu welchem Zwecke ein *›Ausschuß Wilhelm Raabe-Werke‹ ins Leben gerufen wurde. Neben der mehr repräsentativen Gesamtausgabe ist eine bald erscheinende Volksausgabe Wilhelm Raabes geplant. Die Bedeutung des Wilhelm-Raabe-Preises soll in Zukunft ganz wesentlich erweitert werden. Die Verleihung im Jahre 1946 wird anläßlich eines Dichter-Tages, an dem zugleich des 200. Geburtstages von Campe gedacht werden soll, nachgeholt werden. Der Preis hat die Höhe von 10000 Mark.«*[37] Der Preisträger dieses Wilhelm-Raabe-Preises 1946 war Fritz von Unruh, und es sei durchaus hervorgehoben, daß der Wilhelm-Raabe-Preis der Stadt Braunschweig in Höhe von 10000 DM im Jahr 1946 der höchst dotierte deutsche Literaturpreis überhaupt gewesen ist. Schon am 27. April 1946 wurde ein Ausschuß für die Vorbereitung einer Werkausgabe gegründet, und dieser Ausschuß nahm noch im gleichen Jahr seine Arbeit auf, die Gesamtausgabe konnte übrigens im Jahr 1995 endgültig abgeschlossen werden. Aber auch das zerstörte Raabe-Denkmal sollte einen Nachfolger finden, wie am 20. September 1946 in der Sitzung des Stadtparlamentes beschlossen wurde. Außerdem fanden zahlreiche Lesungen und Vortragsabende zu Wilhelm Raabe in der Volkshochschule, der Städtischen Musikschule und in Schloß Richmond ebenso statt, wie erstmals wieder eine Wilhelm-Raabe-Gedenkfeier zum Geburtstag des Dichters am 8. September 1946 im Haus Salve Hospes abgehalten wurde. Gerade in unseren Tagen ist es wichtig, an diese Anfänge und die damit verbundenen Zukunftserwartungen zu erinnern, denn heute scheinen derartige Einsichten in einer populistischen Kulturdemontage verloren zu gehen, aber Inhalt, Aussage und Erwartung dieser kulturpolitischen Konzeption von Ernst Böhme haben ihre Gültigkeit meines Erachtens nie verloren!

Schlußbemerkung

Die Betrachtung des Kulturlebens im Jahr 1946 mag deutlich gemacht haben, in welcher geradezu explosionsartigen Fülle sich das Kulturleben in der Stadt Braunschweig, aber auch im Land Braunschweig, entwickelt hatte. Es war ein *»Hunger nach Kultur«*, der aber nicht nur als Nachholbedarf unterdrückter geistiger Entfaltung zu verstehen war, sondern er galt auch als Signal der Hoffnung, nach dem Motto *»Wir waren noch einmal davongekommen«*. Man wollte sich ablenken, sich unterhalten, neue Gedanken und Ideen sammeln, aber nicht nur sinnlos konsumieren, sondern durchaus kritisch dieser neuen Freiheit begegnen in einer Zeit, *»in der wir wieder Kritik üben wollen (und um der Kunst willen müssen!), in der die einfache ›Kunstbetrachtung‹, wie Goebbels sie befahl, nur noch Gegenstand der Karikatur ist«*[38], das eigene Bewußtsein der Verantwortung wachrütteln und wachhalten.

So wurde die Änderung von Straßennamen ebenso öffentlich gefordert, wie Beschwerde darüber geführt, daß noch immer nationalsozialistische Werke in den Büchereien in großer Zahl zur Ausleihe bereitstanden. Bei aller Begeisterung also war kritische Aufmerksamkeit gefragt, und fast wie ein Aufschrei liest sich der Leserbrief eines Studenten vom 11. Januar 1946 an die Braunschweiger Zeitung mit der Forderung der jungen Menschen: *»Wir wollen denken«*. Kritisches Denken wurde gefordert, um den Weg zu finden, der *»aus einem fürchterlichen beispiellosen Chaos in eine Welt des Friedens«* führen kann. Unter diesem Gesichtspunkt muß man das Aufblühen des Kulturlebens in Braunschweig im Jahr 1946 ebenfalls bewerten, auch wenn es nicht allen leichtfiel, insbesondere nicht der öffentlichen Verwaltung. Bezeichnenderweise sprach noch am 8. Januar 1946 der im Staatsministerium für Kultur zuständige Oberregierungsrat Weitz davon, daß es *»gegenwärtig eine der vordringlichsten Aufgaben sei, der Inflation künstlerischer Veranstaltungen, wie man sie da und dort leider beobachten könne, mit allen Mitteln zu steuern.«*[39] Glücklicherweise war Weitz aber sehr schnell von dringenden Problemen des Staatstheaters so in Anspruch genommen, daß er seine Forderung nach einer *»planwirtschaftlichen Lenkung«* der Kultur nicht weiterverfolgen konnte. Mag der Stellenwert der Kulturaktivität des Jahres 1946, die ihren Höhepunkt in den zahlreichen Veranstaltungen der bereits erwähnten Braunschweiger Kulturwochen gefunden hatte, abschließend mit einer auswärtigen Stimme aus dem Kulturteil der Heidelberger *»Rhein-Neckar-Zeitung«* charakterisiert werden:

»Braunschweig ist eine Stadt in Schutt und Trümmern. Dennoch ist der Wieder-

aufbau voll im Gange. Neben den materiellen Voraussetzungen sieht Oberbürgermeister Böhme seine Hauptaufgabe darin, dem kulturellen Leben neue Wege zu erschließen. Zwei ermunternde, in diesem Zusammenhang bedeutsame Worte: ›seine Hauptaufgabe‹, die an anderer Stelle ihre ebenso bedeutsame Erklärung finden: ›Durch die kulturelle Arbeit der Stadt Braunschweig sollen die moralischen Grundlagen für den Wiederaufbau der Stadt geschaffen werden.‹ Großartig, ausgezeichnet! Während man anderswo, an heil gebliebener, vom Krieg verschonter Stätte, bemüht ist, kulturell leise zu treten und sich zu so gewagten Sentenzen, großzügige kulturelle Veranstaltungen seien jetzt unangebracht, bereit findet, rafft aus Schutt und Trümmern einer zerstörten Stadt sich ein Wille auf, der Hinterlassenschaft des Chaos dort zuerst zu begegnen, von wo aus im letzten Grunde die Verheerungen ihren Ausgang nahmen. Kulturpflege ist kein Ausschank und keine Kuchenbäckerei.

Man muß es treiben wie die Braunschweiger, die eines Tages bestimmt auch wieder gute Würste machen werden.«[40]

Im Jahr 1946 hatte man erkannt:

— Kultur als Standortfaktor hat große Bedeutung!

— Kultur als Beitrag zur Lebensqualität ist unabdingbar notwendig.

— Kultur als Verpflichtung der Politik ist durch nichts zu ersetzen.

— Kultur, selbst im Chaos und zwischen Trümmern, ist Grundlage neuer Zukunftshoffnung.

— Kulturell-geistige Verarmung hatte die Voraussetzung geschaffen für die Schreckenszeit des Nationalsozialismus.

— Wer Kultur fördert, fördert die Freiheit. Wer Freiheit fördert, der schafft für die Menschen ein sicheres Fundament einer demokratischen Zukunft.

All diese Aspekte hatte man im Jahr 1946 klar erkannt und aufgegriffen. Aber es sind erst 50 Jahre vorüber, und als Vertreter der Kultur heute muß ich zum Ende des Beitrages die Frage stellen: Kann dies tatsächlich alles bereits in Vergessenheit geraten sein? Oder anders gefragt: Warum muß im Jahr 1996 die Kultur gegen eine Bewegung vordergründiger Sparsamkeitszwänge erneut um ihr Überleben kämpfen? Gerade mit Blick auf das Jahr 1946 und die ausgewählten Beispiele muß die Erkenntnis am Ende zu der Feststellung führen: Der »*Hunger nach Kultur*« ist geblieben. Seine Bedeutung hat er »*auf dem Weg in die Demokratie*« eindrucksvoll bewiesen. Wer leichtfertig unsere leistungsfähige und allen zugängliche Kultur in Frage stellt oder gar gefährdet, zerstört letzten Endes die Grundlage einer demokratischen und sozialen Gemeinschaft und gefährdet eine menschenwürdige Zukunft!

Anmerkungen

1 Braunschweiger Zeitung vom 8.10.1946 (zitiert: BZ).

2 Zitiert nach Reinhard Bein/Bernhardine Vogel, Nachkriegszeit. Das Braunschweiger Land 1945 bis 1950. Braunschweig 1995, S. 269.

3 Zitiert nach Bein/Vogel a. a. O., S. 273.

4 Vergleiche dazu den Katalog des Historischen Museums Hannover »Wir sind die Niedersachsen! Wer sind die Niedersachsen?« Hannover 1996 (Schriften des Historischen Museums Hannover, Heft 10), der deutlich macht, wie mühsam ein niedersächsisches Landesbewußtsein beschworen werden muß, gegenüber dem traditionsreichen Regionalbewußtsein, wie z. B. in Ostfriesland oder Oldenburg.

5 Ilona Büttenbender, Braunschweiger Theaterleben von 1690 bis heute. Braunschweig 1988, S. 89.

6 BZ vom 25.1.1946.

7 BZ vom 16.2.1946.

8 BZ vom 12.3.1946.

9 BZ vom 15.4.1946.

10 BZ vom 8.3.1946.

11 BZ vom 4.6.1946.

12 BZ vom 26.3.1946.

13 BZ vom 15.1.1946.

14 BZ vom 30.8.1946.

15 BZ vom 8.1.1946.

16 BZ vom 10.5.1946.

17 BZ vom 23.8.1946.

18 BZ vom 23.8.1946.

19 BZ vom 23.8.1946.

20 Zitiert nach Bein/Vogel a. a. O., S. 273.

21 BZ vom 14.6.1946.

22 BZ vom 16.2.1946 u. a.

23 BZ vom 3.9.1946.

24 Zitiert nach Bein/Vogel a. a. O., S. 273.

25 BZ vom 1.6.1946.

26 Zitiert nach Bein/Vogel a. a. O., S. 271.

27 BZ vom 2.4.1946.

28 BZ vom 2.4.1946.

29 BZ vom 20.2.1946.

30 BZ vom 20.2.1946.

31 BZ vom 20.2.1946.

32 BZ vom 26.3.1946.

33 Bert Bilzer/Gerd Spies, Das Städtische Museum Braunschweig. Hamburg 1968, S. 15.

34 August Fink, Geschichte des Herzog-Anton-Ulrich-Museums in Braunschweig. Braunschweig 1967, S. 128.

35 BZ vom 16.8.1946.

36 BZ vom 31.12.1946.

37 BZ vom 20.2.1946.

38 BZ vom 5.2.1946.

39 BZ vom 8.1.1946.

40 BZ vom 1.6.1946.

Anmerkungen zur wirtschaftlichen Entwicklung in der Region Braunschweig – Kriegsende und Neubeginn, Wiedervereinigung und Ausblick

Wilfried Lochte

Das seit dem Ende des Zweiten Weltkrieges vorübergegangene halbe Jahrhundert hat bereits Anlaß zu ungezählten Betrachtungen, Analysen und Wertungen der wirtschaftlichen Entwicklung in dieser Zeit gegeben. Das ist verständlich, denn es galt, Bilanz zu ziehen und Rechenschaft abzulegen, ob es denn gelungen sei, auf Ruinen etwas Neues zu errichten, das Chaos zu überwinden, den Menschen unseres Landes in einer jungen Demokratie Heimat und Zukunft zu geben, den Weg in die Völkergemeinschaft zurückzufinden; letztlich die Frage zu beantworten, in welchem Umfange wir denn die Vorgaben und Ziele des Grundgesetzes unserer Bundesrepublik Deutschland erfüllen und erreichen konnten.

Der wirtschaftlichen Entwicklung in unserem Lande kam dabei eine überragende Bedeutung zu. Die so definierte »Soziale Marktwirtschaft« bildete gleichsam die »Charta«, nach der wir uns gerichtet haben. Sie hat nichts an Faszination und Möglichkeiten verloren, auch wenn es um die Lösung der Probleme der Gegenwart geht. Die Entwicklung in Deutschland, in unserem Bundesland Niedersachsen, in unserer Region wird sich weiterhin daran orientieren. Das ist die Grundlage, von der aus wir die hinter uns liegende Zeitspanne bewerten und auch Gegenwart und Zukunft zu betrachten haben.

Die für unser Land so entscheidende Weichenstellung »Soziale Marktwirtschaft oder Planwirtschaft« fiel in der Bundestagswahl am 14. August 1949, vier Jahre nach dem Kriegsende, als die Argumente von Ludwig Erhard den Ausschlag gaben; wahrlich eine schicksalhafte Wahl!

Aus meiner Sicht möchte ich nun darlegen, wie ich Entwicklung, Lage und Aussichten in unserer Region sehe:

der Region Braunschweig, des Raumes zwischen Harz und Heide.

Der Unternehmer Heinrich Büssing (1843 — 1929).

Ich fühle mich hier zu Hause, hier bin ich aufgewachsen. Auch die ersten dreizehn Jahre nach dem Kriege habe ich hier verbracht. Ich fühle mich gewissermaßen als Zeitzeuge dieser Region für das, was sich hier getan hat. Ab 1958 habe ich zwar von München aus das Geschehen betrachtet, allerdings beruflich in einer vergleichsweise stets engen Beziehung zu diesem Raum. Ich bilde mir ein, daß man ohnehin das Wesentliche aus der Entfernung manchmal deutlicher wahrnimmt als im Zentrum des Geschehens. Darauf stützen sich meine Beobachtungen. Das ändert jedoch nichts daran, daß ich auch Widerspruch zu meinen Einschätzungen ernte. Das führt dann zu größerer Sorgfalt im Urteil.

Zunächst zur hinter uns liegenden Entwicklung.

Ich möchte mich darauf beschränken, die Vergangenheit am Beispiel von drei herausragenden Standorten anzusprechen, die das industrielle Geschehen dieser Region geprägt haben, nämlich Braunschweig, Salzgitter und Wolfsburg. Was sich hier zugetragen hat, war weithin bestimmend und kennzeichnend für das Wohl und Wehe im südöstlichen Niedersachsen. Diese Beschränkung schmälert keineswegs die Bedeutung, die den wirtschaftlichen Aktivitäten außerhalb dieser drei Standorte beizumessen ist, zumal deren Umfang und Gewicht meist einer mehr oder weniger engen Wechselwirkung zu den genannten Schwerpunkten entsprach.

Der Standort *Braunschweig* bildete das historische Zentrum, von dem aus die Industrialisierung unserer Region begonnen hat. Sie hat hier bis in die 1940er Jahre unseres Jahrhunderts ihren beherrschenden Schwerpunkt behalten. Die Situation zum Kriegsende war deshalb auch kennzeichnend für das, was über unser Land hereingebrochen war. Die Betriebe dieser Stadt, oft von Tradition geprägt und weithin zur Geltung gelangt, versuchten in einer Welt voller Trümmer zu ordnen, was übriggeblieben war. Kaum ein anderes Unternehmen, noch dazu von internationalem Rang seit dem Beginn dieses Jahrhunderts, steht so beispielhaft für Aufstieg und Erfolg, für Chancen und Rückschläge, wie das Haus Büssing, das einst die technische Entwicklung von Nutzfahrzeugen richtungweisend bestimmt hat. Beispielhaft auch und besonders für die Geschichte der Industrie in Stadt und Region Braunschweig zum Ende des Zweiten Weltkrieges und in den Jahren danach. Darauf will ich mich beim Beispiel Braunschweig konzentrieren.

Büssing hatte nach dem Tode seines Gründers Heinrich Büssing (1843 — 1929) im Jahre 1929 die Weltwirtschaftskrise vergleichsweise gut bewältigt. Nach der Übernahme des Nutzfahrzeugbaues der Nationalen Automobilgesellschaft (NAG) im Jahre 1930 war Büssing zum Branchenführer mit etwa 20 Prozent Marktanteil in Deutschland und einer Exportquote von 30 Prozent aufgestiegen. Ausländische Hersteller erwarben Lizenzen. Zukunftsweisende technische Entwicklungen waren kennzeichnend für Büssing.

Ein hervorragendes Typenprogramm stand zur Verfügung, das im wichtigen Gewichtsbereich von vier bis fünf Tonnen Nutzlast in Deutschland zum »Einheitsprogramm« erhoben wurde, als man im Rahmen der Kriegsvorbereitungen die

Die zerstörten Anlagen der Büssing-Werke mit Blick auf die Heinrich-Büssing-Straße.

Typenvielfalt der Hersteller einschränkte und zum Beispiel Daimler-Benz, MAN und Saurer in Wien zwang, diesen Einheitstyp zu bauen. Auf 450 Fahrzeuge im Monat stieg die Produktion bei Büssing im Jahre 1943. Man verfügte nicht nur über ein hervorragendes Typenprogramm, sondern zugleich *»über moderne Fertigungseinrichtungen, wie man sie bis dahin im deutschen Nutzfahrzeugbau nicht kannte.«* So berichtet der kompetente Historiker der Wirtschafts- und Sozialgeschichte, Professor Dr. Wilhelm Treue, 1986. Auf dieser Grundlage erreichte man die letzten Jahre des Krieges. Große Teile des Werkes waren zerstört, wie die ganze Stadt. Die Büssing-Werke in Elbing in Ostpreußen, in Leipzig und in Berlin-Oberschöneweide gingen verloren. Im Stammwerk Braunschweig wurde noch bis zum 9. April 1945 gearbeitet.

Am 12. April besetzten amerikanische Truppen das Werksgelände. Am 10. Mai

Eine der durch Bomben zerstörten Werkshallen der Büssing-Werke in Braunschweig.

1945, erst etwa einen Monat später, folgte die Kapitulation des Deutschen Reiches.

»Es wirkt heute wie eine Groteske«, so schreibt Professor Treue, *»daß bei Büssing in Braunschweig im April 1945 die Arbeit nur für weniger als eine Woche unterbrochen wurde. Tatsächlich erlaubte die Militärregierung am 18. April in aller Form die Wiederaufnahme der Fertigung.«*

Sechs Tage nach der Besetzung des Stammwerkes durch die Amerikaner und noch drei Wochen *vor* der deutschen Kapitulation konnte man mit den Aufräumungsarbeiten in den zur Hälfte zerstörten Hallen beginnen und die Fertigung eines unter schwierigsten Einsatzbedingungen im Krieg bewährten Typenprogramms für den Wiederaufbau unseres Landes vorbereiten.

Das ist aus heutiger Sicht ein unglaublicher Vorgang, angesichts der Katastrophe, in die uns der Zweite Weltkrieg geführt hatte, vor allem angesichts der Ausweglosigkeit, in der sich die Menschen dieses Landes befanden. Oder war dieser Vorgang nicht vielmehr ein bewegendes Beispiel für das Glück, dem Inferno entronnen zu sein, das erste Zeichen der Sieger, das in einer zerstörten Welt wieder Hoffnung und Zukunft verhieß?

Die Männer und Frauen, 300 an der Zahl, die am 2. Mai 1945, noch acht Tage vor der Kapitulation, dem Kriegsende, an der Wolfenbütteler Straße die Arbeit wieder aufgenommen haben, müssen so gedacht haben. Es muß wie ein Wunder auf die Menschen von Stadt und Region gewirkt haben!

Diese Begebenheit stelle ich bewußt an den Anfang meines Lageberichtes für den Standort Braunschweig in diesen Tagen, in der »Stunde Null«, deren psychologische Wirkung auf die Menschen dieser Stadt nicht hoch genug eingeschätzt werden kann. Ich erinnere mich daran.

Ich kenne keinen vergleichbaren Vorgang von ähnlicher Bedeutung für den Neubeginn. Kein deutscher Nutzfahrzeughersteller hat so wiederbeginnen können wie Büssing! Die ersten Fahrzeuge wurden noch unter freiem Himmel montiert. 1032 waren es bereits bis zum Jahresende 1945. Der 10000. Büssing-Lastkraftwagen nach dem Kriege wurde 1950 fertiggestellt. Hinzu kamen Omnibusse, 37 im Jahre 1945, 175 im Jahre 1946, 230 im nächsten Jahr. Der Export setzte 1948 wieder ein. Und: die Beschäftigtenzahl wuchs von den 300 Mitarbeitern in der »Stunde Null« auf bereits 3400 Ende 1945 und 3700 ein Jahr später.

Rückschläge waren unausbleiblich. Anfang 1947 mußte die Arbeit für drei Monate ruhen wegen Kohle-, Strom- und Stahlmangels, eine Folge des strengen Winters. Eine normale Fertigung wurde erst wieder nach der Währungsreform erreicht, mit einer Fertigung von zunächst 200 Fahrzeugen im Monat. Das bewährte Typenprogramm war mittlerweile nach oben hin erfolgversprechend erweitert worden, nicht zuletzt, um die Ansprüche des Exports zu befriedigen.

Büssing galt, wie vor dem Kriege, wieder als einer der führenden Hersteller schwerer Lastkraftwagen und von Omnibussen für den Linienverkehr und zunehmend auch für den Reiseverkehr. Anfang 1950 behauptete Büssing unter den deutschen Herstellern im Lkw-Bau Rangstelle Drei und im Omnibusbau Platz Eins.

Den großen Erfolgen im Wiederaufbau in den ersten Jahren nach dem Zweiten Weltkrieg folgten Anfang der 50er Jahre unternehmenspolitische Weichenstellungen von erheblicher Tragweite, die schicksalhaft für die weitere Zukunft des Unternehmens sein sollten. Büssing und AEG trennten sich 1950 voneinander. Der Teilhaber, der 20 Jahre zuvor die NAG eingebracht hatte, schied aus, die Familie blieb allein. 1951 baute man auf dem Niemo-Gelände in Querum die, wie es hieß, *»modernste Schmiede Norddeutschlands«* und ein Preßwerk für Fahrhäuser und Omnibusaufbauten. Die eigenen Kräfte — ohne einen finanzstarken Mitgesellschafter — wurden bis an die Grenze angestrengt. Die Belegschaft war mittlerweile auf 4300 angestiegen. Wettbewerber suchten zu diesem Zeitpunkt schon nach Möglichkeiten, die finanzielle Basis zu vergrößern, Partnerschaften wurden eingegangen. Büssing hingegen geriet in Bedrängnis, spätestens, als die Bundesregierung durch dirigistische Maßnahmen —

ohne Beispiel in der Branche — den Herstellern schwerer Lastkraftwagen die Voraussetzungen für einen erfolgversprechenden internationalen Wettbewerb geradezu entzog.

1956 wurde für unser Land das zulässige Gesamtgewicht zum Beispiel für zweiachsige Lkw von 16 Tonnen auf zwölf Tonnen begrenzt, die höchstzulässige Achslast von zehn auf acht Tonnen.

Nur für den Export durften die bewährten und wirtschaftlicheren schwereren Fahrzeuge noch gebaut werden. Hersteller und Transportunternehmer wurden in ihrer Existenz bedroht. Büssing mußte 1956 — 1957 mehr als 2000 Mitarbeiter entlassen. Der Gesetzgeber wollte damit der defizitären Bundesbahn helfen und blieb damit erfolglos, wie wir alle wissen. Die Entwicklung im Ausland zielte in die entgegengesetzte Richtung. Büssing, der erfolgreiche Spezialist, wurde von dieser Maßnahme weit mehr getroffen als alle anderen Wettbewerber im Lande, die mit ihrem Lkw-Bau nur Teile ihrer unternehmerischen Aktivitäten zu bestreiten hatten. Büssing war darauf weitgehend beschränkt und hat sich von diesem Spuk einer falschen Verkehrspolitik nie mehr erholt.

Es dauerte bis 1960 — vier Jahre lang —, bis die Bundesregierung zu den international üblichen Abmessungen und Gewichten wieder zurückfand. Für Büssing waren es schwerwiegende Beeinträchtigungen, die sich auswirkten, als Anfang der 1960er Jahre Gewinne ausblieben und in den Folgejahren beträchtliche Verluste die Beteiligung und letztlich die vollständige Übernahme zunächst durch die Salzgitter AG unausweichlich machten. Der verkehrspolitische Eingriff der Bundesregierung während der Jahre 1956 — 1960 in die Lebensfähigkeit des Unternehmens Büssing war ohne Zweifel der empfindlichste Stoß, den dieses Haus erlitten hat, ohne ihn schließlich verkraftet zu haben. Er war schwerwiegender als vorausgegangene unternehmenspolitische Entscheidungen, die zumindest aus heutiger Sicht nicht immer glücklich waren. Zusammen haben sie dazu geführt, daß der verheißungsvolle Start, der Büssing unmittelbar nach dem Kriegsende besser gelungen war als allen anderen deutschen Nutzfahrzeugherstellern, nicht von langer Dauer war.

Es sollte in diesem Zusammenhang nicht unerwähnt bleiben, daß es ein Wahl-Braunschweiger war, der hier auch als IHK-Präsident gewirkt hat, Hans-Christoph Seebohm (1903 — 1967), der als Bundesverkehrsminister diese Verordnung verantwortet hat. Sie trägt seitdem seinen Namen. Der weitere Weg von Büssing ist bekannt. Die Salzgitter AG ist mit dem Büssing-Engagement nicht glücklich geworden. Seit 1972 gehört das moderne Werk in Salzgitter-Watenstedt zur MAN-Nutzfahrzeuge AG. Mit etwa 4000 Beschäftigten zählt es zu den wichtigen Arbeitsstätten dieser Region.

Arbeitsmarktpolitisch ist damit das MAN-Engagement sicherlich gelungen. Angesichts der vielfältigen Probleme dieses Raumes ist das wohl die wichtigste Feststellung. Allerdings — ich bin mir dessen bewußt —, für Tradition, Reputation und Identität der Region konnten Einbußen nicht verhindert werden. Das ist offenbar der Preis, den eine solche Entwicklung fordert. Wenn ich das Beispiel Büssing so eingehend behandelt ha-

Gegen die Auflage der Alliierten, die Reichswerke in Salzgitter zu demontieren, fanden in den Nachkriegsjahren regelmäßig Demonstrationen statt.

be, so nicht nur deshalb, weil ich persönlich damit besonders vertraut bin, sondern weil es in der Tat ein Licht wirft auf das, was sich im industriellen Bereich dieser Region vielfach abgespielt hat, indem ehemals bedeutende Unternehmen von internationalem Rang auf der Strecke geblieben sind. Ich verzichte bewußt auf eine Aufzählung. Ihre Namen sind verschwunden oder werden nur noch an nachgeordneter Stelle geführt. Traditionen gingen verloren, das Selbstbewußtsein der hier ansässigen Bevölkerung hat gelitten, der Name Braunschweig wird weniger genannt. Das ist das, was wir zu beklagen haben!

Dennoch: Wir haben alle Kraft darauf zu konzentrieren, wirtschaftlichen Ersatz zu schaffen. Nur dann läßt sich auch die ideelle Einbuße begrenzen und vielfach auch überwinden. So sehe ich die Prioritäten unserer Aufgaben.

Am 10./11. April 1945, bereits einen Tag vor der Besetzung von Braunschweig, rückten amerikanische Truppen in Salzgitter ein. Die erst 1944 gegründete Stadt war Zentrale der 1937 geschaffenen Reichswerke. 108480 Einwohner hatte man bei der Stadtgründung gezählt, als 28 Gemeinden aus dem braunschweigischen Kreis Wolfenbüttel und aus dem ehemals preußischen Kreis Goslar zu einer neuen Großstadt zusammengefügt wurden. Heute sind es mehr als 120000 Bürger, die in einem »Schmelztiegel deutscher Landsmannschaften« eine Identität ihrer Stadt geformt haben. Etwa ein Drittel der Bevölkerung entstammt dem Kreis der Vertriebenen aus dem Osten, die hier eine neue Heimat gesucht und gefunden haben. Sie traten an die Stelle der Zwangsverschleppten und Deportierten aus den während des Zweiten Weltkrieges besetzten Staaten Europas, die nach dem Kriegsende zu Tausenden in ihre Heimatländer zurückströmten.

Es fällt schwer, sich an die unvergleichlichen Verhältnisse im Raum Salzgitter während dieser Jahre zu erinnern. Hinzu kam die alles überschattende Auflage der Alliierten, nahezu alle Anlagen der Reichswerke zu demontieren. Eine Demontageliste noch vom 16. Oktober 1947 für die britische Besatzungszone folgte damit den Bestimmungen des Potsdamer Abkommens. Über Jahre hinweg beherrschte die Sorge um die Zukunft das Leben der Menschen. Auf der deutschen Seite formierten sich zunehmend die politischen Kräfte; die Bevölkerung leistete Widerstand. Dennoch wurde erst 1951 — sechs Jahre nach dem Ende des Krieges — die Demontage definitiv als beendet erklärt.

Zu diesem Zeitpunkt war die Gießerei zu 80 Prozent, die Kokerei zur Hälfte, das Roheisenwerk und die Stahlerzeugung zu je 75 Prozent abgebaut. Aber die Reste des Werkes boten noch genügend Substanz für einen allmählichen Wiederaufbau. Die Reichswerke waren mittlerweile nach Gründung der Bundesrepublik als »Salzgitter AG« in deren Besitz übergegangen.

Den Vorsprung der Konkurrenz im Ruhrgebiet konnte die Montanindustrie in Salzgitter in den Jahren danach nicht mehr aufholen. »*Während andere bereits mit modernisierten Hütten die Hochkonjunktur nutzen konnten und nicht nur Dividenden verdienten, sondern auch Reserven bildeten, lebte Salzgitter noch immer von der Hand in den Mund*«. Mit diesen Worten faßte der damalige Konzernchef Hans Birnbaum die Situation später einmal zusammen. Die einzige Dividendenzahlung, die in den Jahren des deutschen »Wirtschaftswunders« an den Eigentümer in Bonn geleistet wurde, »*entsprang nicht dem erreichten Wohlstand, sondern dem Verlangen, endlich aller Welt zu zeigen, daß Salzgitter durchaus mitzuhalten entschlossen war.*« Der Artikel in der Hannoverschen Allgemeinen Zeitung, dem diese Zitate entnommen sind, erschien am 18. Juli 1987 aus Anlaß des 50jährigen Bestehens des Salzgitter-Konzerns. Er trug die Überschrift: »*Zäh — aber glücklos*«. — Dennoch: Der Wille zum Überleben war gefestigt. Man war entschlossen, sich dem Wettbewerb zu stellen. Das verdient Bewunderung!

Man muß den beharrlichen Anstrengungen der Verantwortlichen über viele Jahre hinweg hohe Anerkennung zollen. Was wäre in Salzgitter geschehen, unmittelbar an der Zonengrenze, wenn nicht Unternehmensleitungen und Gewerkschaften unbeirrt nach vorn geblickt hätten, um Arbeitsplätze für die Menschen in diesem Teil unserer Region zu schaffen und zu erhalten? Es ist sicherlich nicht zu früh, um als Fazit aller dieser Anstrengungen festzustellen, daß die Strategie von Ernst Pieper letztlich überzeugend war und zum Erhalt und zur Fortführung industrieller Aktivitäten am Standort Salzgitter in einem größeren Verbund von internationalem Gewicht mit der Preussag geführt hat; von einem anhaltenden wirtschaftlichen Erfolg getragen, so bleibt zu hoffen. Allerdings: »*Die Musik spielt seitdem in Hannover*«, dort, wo sich die Konzernzentrale befindet, nicht mehr in Salzgitter, nicht mehr in dieser Region.

Daran haben möglicherweise viele der 27259 Bürger auch gedacht, die jene Petition unterzeichnet hatten, die Oberbürgermeister Hermann Struck der Bundestagspräsidentin am 8. November 1989 überreichte und in der erfolglos gegen den Verkauf der Salzgitter AG protestiert wurde. Gar nicht auszudenken, wie hilfreich es für Salzgitter und für die Region gewesen wäre, wenn die Zentrale des größeren Konzerns ihren Sitz hier behalten hätte. Aber das ist der Preis, den eine solche Entwicklung fordert. Und die Sicherung von Arbeitsplätzen hat Vorrang!

»*Glückliche Zeiten, wie die andere Retortenstadt nördlich des Mittellandkanals, Wolfsburg, hat Salzgitter nie erlebt*«. Auch diese Feststellung ist in der aufmerksamen Hannoverschen Allgemeinen Zeitung zu finden, allerdings bereits 1987. Damit wende ich mich dem dritten Standort zu.

Sicherlich hat Wolfsburg nicht nur »glückliche Zeiten« erlebt. Man muß nur die jüngere Vergangenheit betrachten mit ihren tiefgreifenden Strukturveränderungen und den Auswirkungen auf den Standort Wolfsburg, auf die ganze Region und weit darüber hinaus. Aber sie werden mit erfolgversprechenden Perspektiven bewältigt. — Ein neues Kapitel hat längst begonnen. Allerdings, das Beispiel Wolfsburg ist mit dem von Salzgitter oder dem von Braunschweig nur wenig vergleichbar, wenngleich für unsere Region von überragender Bedeutung, wie jedermann weiß.

Am 10. April 1945 erreichten amerikanische Truppen Fallersleben. Die »Stadt des KdF-Wagens«, die seit dem Kriegsende Wolfsburg heißt, war eigens für das Volkswagenwerk errichtet worden. Sie sollte in ihrem Endstadium einmal 90000 Einwohner aufnehmen und bestand 1945 weitgehend aus Baracken. Beim Einmarsch der Alliierten wurden 17109 Menschen gezählt. Das Werk beschäftigte 9000 Mitarbeiter. Die Werksanlagen, für den Bau von jährlich 500000 Fahrzeugen in einer ersten Ausbaustufe errichtet, waren zu 70 Prozent zerstört. Für den verbliebenen Rest und seine Einrichtungen galt — wie in Salzgitter — eine Demontageverfügung der Alliierten. Im Werk waren bis dahin so gut wie noch keine Volkswagen gebaut worden, erst etwa

Am 14. Oktober 1946 lief der 10000. Volkswagen vom Band, reich geschmückt von VW-Arbeitern mit Symbolen der Hoffnung.

630; statt dessen u. a. etwa 70000 Kübel- und Schwimmwagen für die Wehrmacht.

»*Mehr als 60 % der hier lebenden Menschen waren Vertriebene aus dem Osten. Der Rest kam von überall und nirgends, aber keiner war aus Wolfsburg — wie konnte er auch?*«, sagte Heinrich Nordhoff später einmal, als er die Situation dieser Zeit beschrieb. In dieser Lage wurde der britische Major Hirst von der CCG nach Wolfsburg geschickt, um die Produktion des Volkswagens in Gang zu bringen. Die Braunschweigische Staatsbank wurde angewiesen, einen Kredit von RM 20000000 vorzuschießen, damit man über Betriebskapital verfügte. Die Briten erreichten gegenüber der Sowjetunion einen Aufschub der Demontage des Werkes um vier Jahre. Bis Weihnachten 1945 konnten 58 Volkswagen gebaut werden! 1946 lag die Monatsproduktion im Durchschnitt bereits bei etwa 1000. Im Oktober 1946 wurde der 10000. Volkswagen produziert. Im Frühjahr 1947 mußte die Fertigung zwei Monate lang wegen Kohlenmangels unterbrochen werden, wie bei Büssing. Aber im Oktober desselben Jahres wurden die ersten VW exportiert, nach Holland.

Alles entsprach einem riesigen Provisorium. Man lebte von der Hand in den Mund. Das galt für Tausende, die wieder Beschäftigung suchten. Perspektiven gab es jedoch keine, zumal das Werk noch bis 1947 auf der Demontageliste blieb. In der Zeit von 1945 bis 1948 betrug die Fluktuation der Belegschaft jährlich 100 Prozent! Dann kam Heinrich Nordhoff. Er übernahm am 2. Januar 1948 die Leitung des Unternehmens mit zu diesem Zeit-

Nach der Währungsreform standen die Menschen in kaum überschaubaren Schlangen an, um ihr Geld umzutauschen. Wie die BZ am 22. Juni 1948 berichtet, wurden allein in der Schule Comeniusstraße an einem Sonntag 35000 Personen abgefertigt.

punkt 8400 Beschäftigten. Eine Sternstunde für das Werk, für die Stadt Wolfsburg, für unsere Region, für die deutsche Industrie!

Ein vorausschauender Unternehmer mit unbestechlichem Urteilsvermögen, mit beeindruckender Überzeugungs- und Motivationskraft gegenüber einer schnell wachsenden Belegschaft und gegenüber der Öffentlichkeit, übernahm in schwierigster Zeit die Führung aus einem grenzenlosen Chaos.

Nordhoff war es, der letztlich den »Käfer« laufen ließ, der später dem Export den Vorrang einräumte und deshalb lange Zeit einen Nachfrageüberhang auf dem heimischen Markt pflegte; der dafür sorgte, daß sich langfristig Leistung in Wolfsburg besonders lohnte. — Das sind Feststellungen, die Carl Hahn, einer seiner Nachfolger, viele Jahre später getroffen hat.

Die Grundsätze, nach denen Nordhoff handelte, wiesen ihn als konsequenten Verfechter der »sozialen Marktwirtschaft« aus. Dies sah er zugleich als beste Voraussetzung dafür an, daß sich der Lebensstandard allgemein erhöhte.

Die Erfolge des Unternehmens Volkswagen unter der Leitung von Heinrich Nordhoff stehen für die Erfolge der Industrie unseres ganzen Landes in dieser Zeit. In der »Ära Nordhoff« wuchs das Volkswagenwerk zum bedeutendsten Unternehmen der Bundesrepublik Deutschland heran. Von seiner dynamischen Entwicklung gingen starke Impulse auf die gesamte Nachkriegswirtschaft aus. Deren Wachstum in jener Zeit kennt hinsichtlich Dauer und Intensität keine Parallele in der deutschen Geschichte. Es festigte zugleich das politische System in unserem Lande, es trug durch andauernde wirtschaftliche Prosperität entscheidend dazu bei, die Bevölkerung der demokratischen Ordnung zu verpflichten.

Die Währungsreform vom 20. Juni 1948 bezeichnete Nordhoff als *»das wichtigste Ereignis auf dem Wege des Volkswagens zum Erfolg«*. Diese Erfolgsgeschichte ohnegleichen ist uns allen geläufig:

Nach der Währungsreform 1948 waren die Schaufenster schlagartig gefüllt, die Not der Menschen aber noch lange nicht beendet.

Der 100000. Volkswagen lief 1956 vom Band. Zu diesem Zeitpunkt zählte das Unternehmen etwa 33000 Beschäftigte.

1950 hatte der Verkauf in den USA begonnen. 18 Jahre später, 1968 — im Todesjahr von Heinrich Nordhoff —, erreichte man dort das beste »Käfer-Jahr«, als man allein an amerikanische Käufer 423000 »Käfer« lieferte, das waren mehr als 1300 täglich!

Im November 1991 erklärte Carl Hahn: *»Volkswagen hatte das Glück und den Vorzug, von einem Mann geführt zu werden, dessen Charisma die Corporate Culture von Volkswagen ebenso wie das Image eines neuen Deutschland prägte.«*

Es sind stets Persönlichkeiten von überragendem Rang, die an der Spitze einer fähigen Mannschaft Ungewöhnliches vollbringen. Heinrich Nordhoff gehört zu ihnen. Unternehmen, Stadt und Region und unsere Industrie haben ihm viel zu verdanken. Ein Glück für uns, daß er hier gewirkt hat! Seine Person steht für Neubeginn und Wiederaufbau, für Leistung und Erfolg in unserem Lande nach dem Zweiten Weltkrieg!

Kurzarbeit im Frühjahr 1967 konnte auch er nicht verhindern; das mag ihn sehr getroffen haben. Auch die Schwankungen in der Entwicklung des Unternehmens danach schmälerten nichts an seiner Leistung. Die von ihm geschaffenen Grundlagen haben später überhaupt erst den erfolgreichen Weg nach vorn ermöglicht, um die vielfältigen strukturellen Veränderungen zu bewältigen. Der Erfolg von Volkswagen war und bleibt ausschlaggebend für das wirtschaftliche Wohl und Wehe unserer Region und darüber hinaus!

Es kommt hinzu, daß solche Entwicklungen wie die in Wolfsburg oder auch die in Salzgitter und Braunschweig vielfach und auch nachhaltig in den mittelständischen Bereich der Industrie und in den gewerblichen Bereich hineinwirken und somit das Entstehen einer gesunden Struktur der heimischen Wirtschaft insgesamt beeinflussen. Das war in unserer Region exemplarisch der Fall. Erst in diesen Tagen war zu vernehmen, daß das Handwerk in Niedersachsen mehr Mitarbeiter als die Industrie beschäftigt.

Wenn wir den Blick etwas lösen von meiner Betrachtung der herausgehobenen drei Standorte und eine Gesamtbewertung der Region versuchen, so müssen wir uns stets daran erinnern, daß der braunschweigische Wirtschaftsraum nach dem Zweiten Weltkrieg seine ehemals zentrale Lage in Europa eingebüßt hatte. Absatzgebiete waren verlorengegangen. Die bis dahin dominierenden Verkehrsströme in west-östlicher Richtung waren unterbrochen, eine Neuorientierung in süd-nördlicher Richtung mußte erfolgen. Das hat größere Anstrengungen erfordert, als sie woanders zu erbringen waren. In der Presse und Berichten von Unternehmen der Wirtschaft und Verbänden findet man dennoch in dieser Zeit keine Spur von Resignation, obwohl es an schwerwiegenden Rückschlägen nicht gefehlt hat. Das zeugt von Leistungswillen und Leistungsfähigkeit, die es heute auf neue Ziele unter ungleich günstigeren Rahmenbedingungen auszurichten gilt.

Zu unseren Fähigkeiten muß auch und nicht zuletzt die Besinnung darauf gehören, daß wir uns als eine Region zu begreifen und zu präsentieren haben, wenn wir uns im Wettbewerb mit den Nachbarn, den Hannoveranern im Westen und den Magdeburgern im Osten, behaupten wollen. Mit den Hannoveranern, die ohnehin durch die Nachkriegsentwicklung, durch die Funktion einer Landeshauptstadt über die weltweit bedeutendsten Industriemessen bis hin zur Expo 2000, begünstig worden sind. Mit den Magdeburgern, die — wie Braunschweig — nach Überwindung der Teilung wieder in die Mitte Europas gerückt sind und ohne Zögern den Weg in eine erfolgversprechendere Zukunft beschritten haben, wie es ihrer eigenen geschichtlichen Bedeutung zukommt. Diese Situation müssen wir erkennen und weiterhin eigene Initiativen entwickeln, wenn wir nicht ins Hintertreffen geraten wollen. Wir müssen die Potentiale unserer Region erschließen und aktivieren, wir müssen sie bündeln und geschlossen zur Geltung bringen. Wir müssen die Aufmerksamkeit der uns umgebenden Welt auf uns lenken, deren Interessen für das, was wir haben und was wir können und vor allem für das, was wir wollen, wecken. Dann schaffen wir auch regionale Identität, die wir wiederentdecken und stärken müssen, um nicht einer drohenden Anonymität zu erliegen. Möglicherweise hat der Verlust der Funktion einer Hauptstadt des ehemaligen Landes Braunschweig dazu beigetragen, weil wichtige Aufgaben zur neuen Landeshauptstadt hin verlagert werden mußten. In der Folge gingen viele Führungsaufgaben, auch aus dem Bereich der Wirtschaft, verloren. Alles in allem wurde dadurch sicherlich die herkömmliche Qualität des Standortes Braunschweig und die der Region, der Braunschweig den Namen gibt, geschwächt. Das ist nun einmal so, wir haben uns darauf einzustellen. Wir sollten auch keine Kraft mehr darauf verwenden, das überholte »Antipodentum Braunschweig-Hannover« am Leben zu erhalten, wenngleich es uns mitunter reizt! Das Bewußtsein einer regionalen Zusammengehörigkeit hat sicherlich auch gelitten unter der Last der wirtschaftlichen Probleme, die die einzelnen Standorte mit den sie umgebenden Teilgebieten sehr unterschiedlich beansprucht haben. Jeder hat dabei oft nur an seine eigenen Belange gedacht. Nur so ist es wohl zu erklären, daß noch 1984 die Pläne der Landesregierung zu einer Anpassung der Kammergrenzen im Norden des Regierungsbezirks Braunschweig gescheitert sind. Damals sollten der Landkreis Gifhorn und die Stadt Wolfsburg in den Zuständigkeitsbereich der IHK Braunschweig überführt werden. Dagegen wurde in Lüneburg mit Erfolg geklagt.

Wenn ich diesen Vorgang erwähne, so auch deshalb, weil diese falsche Entscheidung zugleich Spiegelbild des Bewußtseins ist, das sich in der Nachkriegszeit herausgebildet hatte und das eben nicht im Einklang steht mit den begründeten Ansprüchen einer regionalen Identität. Heute, zehn Jahre nach dem Urteil von 1984 und mehr als zwanzig Jahre nach der Gebietsreform von 1974, die eine Reihe von unzulänglichen räumlichen Abgrenzungen in den Zuständigkeiten wichtiger Bereiche wie Justiz, Arbeitsverwaltung, Kirchen, Kammern und Parteien festgeschrieben hat, gibt es ohne Zonengrenze ebenso begründete Hoffnung, die Räume zumindest »de facto« wieder anders zusammenzufügen, um die Interessen des Raumes zwischen Harz und Heide gemeinsam zu verfolgen. Sie greifen ineinander und können im Wettbewerb der Region erfolgversprechend auch nur miteinander wahrgenommen werden.

Die Möglichkeiten dafür sind gegeben. Die Industrie des Braunschweiger Wirtschaftsraumes bietet nach wie vor eine große Vielfalt. Sie ist geprägt durch einen Fahrzeugbau mit weltweiter Geltung, durch eine hochmoderne Stahlindustrie und einen anpassungsfähigen Maschinenbau. Eine bedeutende chemische Industrie behauptet sich im Wettbewerb. Unternehmen der Elektrotechnik und Elektronik gehören dazu und viele andere. Die Industriedichte ist hier weitaus größer als in anderen Teilen des Landes und übertrifft auch den Bundesdurchschnitt. Das Handwerk bewährt sich zunehmend als Motor von Beschäftigung und Ausbildung, aber auch von Innovation und Wachstum. Das verdient Beachtung und Anerkennung. Mittlerweile konnte sich die Stadt Braunschweig neben Hannover auch zum bedeutendsten Dienstleistungszentrum des Landes Niedersachsen entwickeln. In der Region entstanden in diesem Bereich allein von 1989 bis 1995 fast 46000 neue Arbeitsplätze.

Im September 1996 hat das Niedersächsische Institut für Wirtschaftsforschung einen überaus aufschlußreichen Bericht zur aktuellen wirtschaftlichen Entwicklung eben dieser Region vorgelegt. Der Bericht bestätigt, daß sich die Standortbedingungen mit der Wiedervereinigung nachhaltig verbessert haben und neue Entwicklungspotentiale erschlossen werden konnten, trotz der akuten Strukturprobleme. Er hebt hervor, daß seit der Wiedervereinigung nicht nur die Bevölkerungszahl gestiegen ist — fast 1,2 Millionen Menschen lebten hier Ende 1995 —, sondern auch die Zahl der Arbeitsplätze im Raum zwischen Harz und Heide. Zwischen 1989 und 1992 entstanden durch den Vereinigungsschub etwa 37000 neue Arbeitsplätze, seitdem sind allerdings wieder 25000 verlorengegangen. Allein in der Industrie verschwanden seit 1992 etwa 30000, davon 12000 in Wolfsburg.

Auch die herausragende Bedeutung der Region als Wissenschafts- und Forschungsstandort wird in diesem Bericht betont. Damit beharrlich zu werben, bleibt eine der wichtigsten Aufgaben. Die hier erreichte »Forschungsdichte« ist eine der höchsten in Europa.

Zwei Universitäten, die Technische Universität in Braunschweig, die älteste im deutschsprachigen Raum, und die weithin gerühmte Universität Clausthal-Zellerfeld haben hohen internationalen Rang.

Hochschulen, darunter die aufstrebende Fachhochschule Braunschweig-Wolfenbüttel mit ihren vier Standorten in der Region, die anerkannte Hochschule für Bildende Künste. Zahlreiche außeruniversitäre Forschungseinrichtungen und hochkarätige Bundesanstalten. Sie haben alle eine Konzentration und Kompetenz an Fachwissen geschaffen, die es allerdings auch anzuwenden und umzusetzen gilt. Achten wir deshalb darauf, daß vor allem die Anwendung des reichen Wissens, über das Wissenschaft und Forschung hier verfügen, auch in der Region gelingt, damit einer Produktionsverlagerung woanders hin nicht auch eine Verlagerung von Forschung und Entwicklung folgen muß. Unsere Technologieparks dürfen eben nicht zu Gewerbegebieten degradiert werden. Wir dürfen nicht jene Potentiale verlieren, die Zukunft bedeuten!

In allen Bereichen kommt es darauf an, den Reichtum der Region insgesamt zu erkennen und sich dessen auch bewußt zu werden. Dazu gehört die regionale Klammer.

Ich weiß sehr wohl um die individuellen Empfindlichkeiten, die mitunter tiefer verankert sind, als man erwarten könnte. Besonders bei Städten und Gemeinden stößt man auf enger gezogene Grenzen, als dem Gesamtinteresse dienlich ist. Sie gehören nicht mehr in eine Zeit, in der wir begonnen haben, Europa zusammenzuführen. Gerade im künftigen Europa kommt den Regionen wieder eine zunehmende Bedeutung zu, wenn wir Anonymität vermeiden und die Geltung eines historisch gewachsenen Raumes mit seinen kulturellen Gütern bewahren und nutzen wollen, jetzt und in Zukunft.

Vor einem halben Jahrhundert — 1945 — galt es, neu zu beginnen, einen demokratischen Staat zu schaffen, die Rückkehr in die Völkergemeinschaft zu suchen, den Frieden zu sichern und nicht zuletzt die Teilung unseres Landes zu bewältigen und sie Jahrzehnte später zu überwinden. Dabei war unsere Heimat besonders gefordert. Wenn dennoch die traditionsreichen Standorte, allen voran Braunschweig, trotz aller Einbußen und Rückschläge, den Blick stets nach vorn gerichtet haben, so bleibt das bewunderungswürdig. Wenn die jungen Standorte, wie Salzgitter und vor allem Wolfsburg, sich zu eigenständigen Schwerpunkten in einem größeren

Wirtschaftsraum entwickeln konnten und dabei herausragende Bedeutung erlangten, so sind das jene Erfolge, die uns auch ermutigen, die Probleme der Gegenwart zu lösen und die Herausforderungen der vor uns liegenden Jahre anzunehmen. Ich bin davon überzeugt, daß wir damit Erfolg haben werden.

Mit diesen Anmerkungen will ich meinen Vortrag beenden. Ich wollte andeuten, welche Aufgaben aus meiner Sicht noch vor uns liegen, aber auch, über welche Möglichkeiten wir noch verfügen. Wir müssen zur Geltung bringen, was uns als Erbe dieses traditionsreichen Landes mit seiner unverwechselbaren Geschichte, seinen reichen Kulturgütern, seinen wirtschaftlichen und wissenschaftlichen Grundlagen verblieben ist und was es zu nutzen gilt.

Wenn man als Braunschweiger, als zurückgekehrter, einen solchen Bericht erstatten soll, so kann er sicherlich nicht nur nüchtern ausfallen, Gefühle sind dabei nicht vollends zu unterdrücken. Das mögen Sie mir nachsehen, meine Damen und Herren.

Umso mehr wünsche ich mir eine kritische Nachlese. Dabei hoffe ich etwas auf jene, die meinen, meine Bilanz sei etwas zu zurückhaltend ausgefallen und es gäbe sehr viel mehr Glanz über dem schönen Land zwischen Harz und Heide. Das würde meinen Stolz auf meine Heimat noch steigern.

Ich fürchte mich allerdings auch davor, daß es Kritiker geben könnte, die meinen, es sei alles sehr viel schlimmer und ich hätte zu sehr »geschönt« und vor allem gar nicht angemessen hervorgehoben, wieviel wir schon versäumt und gegenüber unseren konkurrierenden Nachbarn verloren hätten. Denen will ich dann entgegentreten und einfach behaupten,

- es würde ja gar nicht stimmen, daß den Verantwortlichen in Bonn und in Hannover beim Milliarden kostenden Ausbau der Autobahn A 2, der wichtigsten Straßenverbindung zwischen West- und Osteuropa, nichts anderes eingefallen sei, als im Bereich Braunschweig die einzige Sparmaßnahme zu verwirklichen; und es sei auch unzutreffend, daß die so dringend benötigte Autobahnumgehung A 39 im Süden und Osten von Braunschweig und in Richtung Wolfsburg und auch Berlin erst nach der Jahrhundertwende fertiggestellt werden soll;
- und es sei auch nicht richtig, daß die Deutsche Bahn ernsthaft in Erwägung gezogen habe, etliche von Berlin kommende und dorthin fahrende ICE-Züge nicht in Braunschweig halten zu lassen, obwohl im Einzugsgebiet seines Hauptbahnhofes etwa 400000 Menschen leben; usw., usw.

Hiermit beende ich meine Ausführungen, weil ich meinen Vortrag nicht umschreiben will.

Ein Staat verfiel der Geschichte

Gedanken über das alte Land Braunschweig

Werner Knopp

I.

Im Jahre 1863 verstarb auf dem Schlosse zu Ballenstedt am Harz der letzte Herzog von Anhalt-Bernburg. Kraft dynastischen Erbrechts ging mit seinem Ableben der bis dahin selbständige bernburgische Teilstaat im Gesamtstaat Anhalt auf — buchstäblich mit des Herzogs letztem Atemzug »verfiel« also *»ein Staat der Geschichte«*, wie Wilhelm von Kügelgen, ein Zeuge des Vorganges, treffend registrierte.

Im Jahre 1946 geschah genau dasselbe dem alten Lande Braunschweig, wenngleich jetzt kraft Besatzungsrechts und in der nüchternen Formensprache der Republik: das über fast 800 Jahre selbständige Land ging, so hatte es der britische General Sir Brian Robertson verfügt, mit Wirkung vom 1. November 1946 in dem zusammen mit den Ländern Hannover, Oldenburg und Schaumburg-Lippe gebildeten Gesamtstaat Niedersachsen auf. Als am 21. November der Landtag des danach bereits der Geschichte verfallenen Landes noch einmal in der Braunschweiger Kant-Hochschule zusammentrat, traf er sich streng genommen nur noch als eine Versammlung von Privatleuten, quasi von trauernden Hinterbliebenen, um dem dahingehenden kleinen Staatswesen nachzurufen, es werde in den Herzen der Braunschweiger weiterleben.

Das war nicht nur eine Pflichtübung, sondern durchaus ernst gemeint. Fast bis zuletzt hatte die politische Klasse Braunschweigs für den Erhalt des alten Landes gekämpft (pfiffigerweise zugleich für eine kräftige Gebietserweiterung). Im Grunde aber sah man ein: Die Zeit der kleinen Länder ging zu Ende. Waldeck-Pyrmont und die acht thüringischen Zweigstaaten hatte es schon in der Weimarer Republik erwischt, 1937 folgten Mecklenburg-Strelitz und Lübeck von Hitlers Hand, und jetzt, in der Not der Nachkriegszeit, folgten Oldenburg, Braunschweig, Anhalt und die beiden Lippes. Nur die Hansestädte Bremen und Hamburg und das Saarland sollten, aus unterschiedlichen Gründen, ihre staatliche Existenz bis in die heutige Bundesrepublik hinein noch einmal retten.

Wie alle Deutschen der Nachkriegszeit brachten auch die Braunschweiger von 1946 diesen Vorgängen nur begrenztes In-

Professor Dr. Gerhard von Frankenberg (1892 — 1969) hielt bei der letzten Sitzung des Braunschweigischen Landtages am 21. November 1946 den Abschlußvortrag mit Blick auf die Geschichte des alten Landes Braunschweig.

teresse entgegen. Sie hatten andere, die persönliche Existenz berührende Sorgen. Außerdem ging es ja bloß um ein Land, zudem um ein Land, das im Dritten Reich nur als ein Schatten fortexistiert hatte und im Bewußtsein seiner Menschen durch den Gau Südhannover-Braunschweig zunehmend überlagert worden war; an das Zusammengespanntsein mit Hannover hatte man sich also schon gewöhnen können. Der Übergang an das neue Land Niedersachsen schien bei diesen Erfahrungen nicht so einschneidend, auch nicht so wichtig, denn die entscheidenden politischen Erwartungen konzentrierten sich bald auf die größeren Einheiten, Zone und Bizone zuerst, dann auf den westdeutschen Staat, und auch der Europagedanke kam ja früh auf und gewann schnell an Gewicht. Elementare Bedeutung für Leben und Denken der Bürger konnte der Landeszugehörigkeit unter solchen Umständen kaum zukommen.

II.

Das war nicht immer so gewesen. Im Gegenteil: Viele Jahrhunderte hindurch, bis 1867, ja eigentlich noch weit darüber hinaus, waren nicht Reich oder Bund, sondern war in erster Linie das »Land« für seine Menschen der »Staat« und damit der für sie entscheidende politische Entwicklungsrahmen, durch den ihr Leben buchstäblich von der Wiege bis zur Bahre bestimmt wurde.

Mit der Staatszugehörigkeit fing es an: Bis 1934 war es die braunschweigische, die durch entsprechende Geburt erworben wurde, und nur mittelbar wurde man dadurch zugleich auch Deutscher. Ich selbst bin auf diese Weise 1931 als braunschweigischer Staatsangehöriger auf die Welt gekommen, und ich erinnere mich auch daran, daß mein Vater noch 1937 in einem Kasseler Hotel bei der Anmeldung in die Rubrik »Staatsangehörigkeit« aus alter Gewohnheit »Braunschweig« eintrug, was ihm einen Anpfiff des der NSDAP-angehörenden Portiers einbrachte. Lange Zeit, bis die Religionsfreiheit sich durchsetzte, entschied die Landeszugehörigkeit auch über die Religion oder zumindest darüber, welche Religion man ungestört oder ohne Diskriminierung ausüben konnte. Entscheidend durch die Landeszugehörigkeit bestimmt wurden auch die Bildungschancen, verkörpert durch Zugangsmöglichkeiten zu und Leistungsstand an den Schulen und Hochschulen. Mit den Berufschancen ging es weiter: Auch die hingen jahrhundertelang von der Landespolitik ab, von Einrichtungen wie dem Zunftwesen und dem Konzessionssystem für Unternehmen, wie der Gesindeordnung für abhängig Beschäftigte auf dem Lande. Das Land endlich bestimmte bis 1867 auch über Militär und Wehrpflicht, so etwa darüber, ob ein an sich Wehrpflichtiger sich durch Stellung (d. h. Bezahlung) eines Stellvertreters freikaufen konnte oder nicht.

Die Soldaten waren die ersten, welche die Konsequenzen politischer Entscheidungen der Landesregierung für ihr Gut und Blut zu spüren bekamen, aber letztlich schlugen solche Entscheidungen auf alle Landeskinder durch. So führte die enge Verbindung mit Preußen Braunschweig in den opferreichen Siebenjährigen Krieg, mit dessen Gründen das Land nicht das geringste zu tun hatte. Braunschweigische Landeskinder litten und bluteten 1776 — 1782 als Soldaten in Nordamerika, wohin sie der Herzog zur Sanierung der Staats-

Szenenfolge der letzten Schlachten gegen Napoleon am 16. und 18. Juni 1815 aus der Sicht preußischer und braunschweigischer Truppen. Im Zentrum der Tod von Herzog Friedrich Wilhelm (1771 — 1815) am 16. Juni 1815 bei Quatrebras.

finanzen vermietet hatte (während den hannoverschen und preußischen Nachbarn solches Schicksal erspart blieb). 1815 waren es Militärleidenschaft und Patriotismus des »Schwarzen Herzogs«, die braunschweigische Soldaten auf die Schlachtfelder von Quatre Bras und Waterloo führten, obwohl für das kleine Land aus solchem Einsatz außer Opfern und Schulden nicht das geringste herausspringen konnte und heraussprang. 1866 endlich ging es ihnen besser: Herzog und Landesregierung vermieden den Konflikt mit Preußen und damit die blutigen Verluste von Langensalza, welche die Hannoveraner durch die preußischen Zündnadelgewehre zu erleiden hatten, und als Braunschweigs Krieger endlich als Verbündete bei den Preußen eintrafen, war der Krieg schon zu Ende. So waren das Land und seine Politik im wahrsten Sinne für seine Bürger schicksalsbestimmend, jahrhundertelang. Entsprechend war das alte Land Braunschweig praktisch und

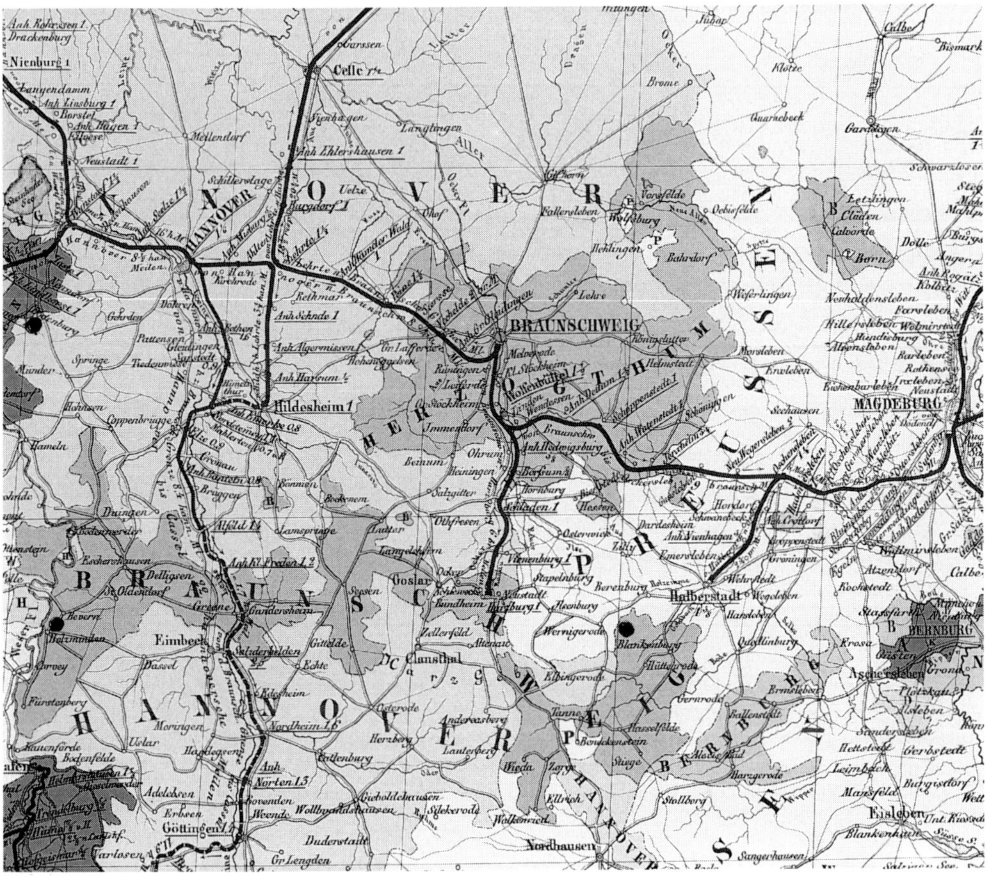

Die Braunschweigischen Grenzen waren bis 1937 außerordentlich konstant: Danach gingen u. a. Bodenburg, der Kreis Holzminden sowie ein Großteil des Kreises Blankenburg verloren.

emotional der entscheidende staatliche Bezugspunkt für seine Menschen, jahrhundertelang, in mancher Hinsicht bis in die Weimarer Republik hinein.

III.

Damit berühre ich einen für das Verhältnis der Braunschweiger zu ihrer eigenstaatlichen Tradition wichtigen Punkt: die außergewöhnlich lange Existenzdauer des braunschweigischen Staates. Von der Vorform eines solchen kann man schon etwa ab 1180 sprechen, also vom politischen Konkurs Heinrichs des Löwen ab, nur seine Hausgüter zwischen Harz und Heide verblieben ihm, und daraus erwuchs 1235 das von Kaiser Friedrich II. dem Enkel des Löwen zu Lehen gegebenen Herzogtum Braunschweig-Lüneburg. Die späteren Länder Braunschweig und Hannover standen in der direkten Traditionslinie dieses Herzogtums, dessen Na-

Im Zentrum des Burgplatzes in Braunschweig: Der Braunschweiger Burglöwe aus der Zeit Herzog Heinrichs des Löwen (1129/30 — 1195).

men ja auch der braunschweigische Staat bis 1918 führte. Als Braunschweiger können wir stolz darauf sein, daß unser kleines Land diese ehrwürdige Tradition auch von 1866 bis 1946 fortsetzte, durch eine Zeit also, während derer das große Hannover seine Existenz an Preußen verloren hatte. Gemeinsam konnten dann Braunschweig und das — wir hörten es schon — 1946 wiedererstandene Hannover ihre Staatstradition an das neue Land Niedersachsen weitergeben. 750 Jahre alt war diese Tradition 1985, eine der ältesten in Deutschland, ohne daß die nüchternen Niedersachsen im Jubiläumsjahr daraus groß Funken geschlagen hätten. Ein wenig Lehrzeit bei den geschichtsbewußten Bayern könnte uns manchmal nicht schaden.

Aber nicht nur sehr alt war das Land Braunschweig, seine Grenzen waren auch, so bizarr sie durch das Land zwischen Harz und Heide, Weser und Elbe liefen, in den letzten zweieinhalb Jahrhunderten seiner Existenz außerordentlich konstant. Seit den letzten größeren Veränderungen 1671 und 1681 gab es im Grunde nur noch Randkorrekturen, und erst 1937 begann Hitler mit der Demontage uralter Zuordnungen. Die Exklave Bodenburg südlich von Salzdetfurth erwischte es zuerst, 1941 dann den schönen Kreis Holzminden und die Dörfer Hessen und Pabstorf (allerdings im Austausch gegen Hornburg und den Kreis Goslar), und 1945 brachen als letztes Calvörde und der Großteil des Kreises Blankenburg weg, nicht mehr durch, aber infolge von Hitler, den verhängnisvollsten Regierungsrat, den Braunschweig je besessen hat. So dramatisch diese späten Änderungen waren, so wenig dürfen sie den Blick dafür trüben, daß eben bis 1937 Braunschweigs Grenzen außerordentlich konstant waren, etwa 250 Jahre hindurch, während sich die Grenzen der niedersächsischen Bruderländer Hannover und Oldenburg im frühen 19. Jahrhundert erheblich veränderten, und zwar durch beträchtliche Gebietserweiterungen. An sich hätte danach, so könnte man meinen, das kleine und lange Zeit unveränderte Braunschweig gute Voraussetzungen für die Entwicklung einer kompakten und lebensfähigen Identität gehabt.

IV.

Dafür spricht auch, daß das jahrhundertealte Staatswesen eine Fülle äußerer Zeugnisse und Spuren geschaffen und hinterlassen hat. Mit den Staatssymbolen ist es allerdings etwas verwirrend. Der Burglöwe wurde 1166 als etwas errichtet, das man heute Staatssymbol nennen würde, und ein Löwe blieb in unveränderter Form auch bis 1918 im Staatswappen präsent, vor allem im sog. kleinen Staatswappen, das — wir können es noch heute an den Insignien der Firma Hofbrauhaus Wolters ablesen — zusätzlich von zwei stämmigen Löwen gehalten wurde. Auch in der Halle des Braunschweiger Hauptbahnhofes hat man (an der Wand rechts vom Eingang) in begrüßenswerter Traditionspflege dieses kleine Landeswappen angebracht — zur Erinnerung an die Leistungen der braunschweigischen Staatseisenbahn. Das große Landeswappen, heute noch an alten Amtshäusern im Lande zu finden, war viel komplizierter und hat das Bewußtsein der Braunschweiger nie erreicht, ebensowenig wie die zwei goldenen Leoparden auf rotem Grund, die seit altersher den braunschweigischen Teil des Herzogtums Braunschweig-Lüneburg kennzeichneten. Anders das silberne, oder volkstümlicher gesagt: das weiße Roß, das alte Wappentier der Sachsen, das vom 14. Jahrhundert ab aus Gründen der politischen Propaganda in den Wappendarstellungen der Welfenländer erscheint und sich vor allem im 18. Jahrhundert als prägnantes Hoheitszeichen im militärischen und zivilen Bereich durchsetzt. Die Stadtbraunschweiger können es in reinster Form im Giebel des Staatshochbauamtes am Eiermarkt bewundern; im vorigen Jahrhundert zierte es die Braunschweiger Münze ebenso wie die bildschönen Briefmarken des Landes — schade nur, daß wir dieses Symbol von Anfang an mit Hannover teilen mußten und es so nur gemeinsam dem heutigen Lande Niedersachsen vererben konnten. Auch viele Wetterfahnen zeigten und zeigen übrigens das weiße Roß, so auch die auf der Kirche von Calvörde, dem altbraunschweigischen Ackerbürgerstädtchen im heutigen Sachsen-Anhalt.

Ganz und nur braunschweigisch sind dagegen die alten Landesfarben Blau-Gelb (nur die Ukraine und Niederösterreich führen sie in der gleichen Form). Auf manchen Amtsgebäuden, vor allem auf dem der Bezirksregierung in Braunschweig, werden sie noch gezeigt, und auch Eintracht Braunschweig sorgt dafür,

Am Giebel des ehemaligen Kammergebäudes, heute Staatshochbauamt, ist das große braunschweigische Landeswappen in beeindruckender Weise präsent.

daß sie als Identitätssymbol lebendig bleiben (auch wenn heute auf bescheideneren Spielfeldern als einst gegen Rapid Wien oder Juventus Turin). Auch »draußen im Lande« stößt man noch auf die alten Farben, nicht zuletzt deshalb, weil pfiffige Heraldiker dafür gesorgt haben, daß viele Gemeinden des alten Landes die schöne, an Himmel und Sonne erinnernde Kombination in ihre Wappen und damit in ihre Fahnen aufgenommen haben. So kann man sich bei Schützenfesten und ähnlichen Gelegenheiten mitunter in die Zeit des Landes Braunschweig zurückversetzt fühlen, am meisten wohl in dem malerischen Dörfchen Rühle an der Weser, wo sich sogar eine »Alt-Braunschweigische Vereinigung« mit Traditionsfahne gehalten hat.

Bei solchen Anlässen werden dann auch gern *»Die lustigen Braunschweiger«* gespielt und gesungen, als inoffizielle, für unser Naturell sehr bezeichnende Landeshymne, die wiederum nur den Nachteil hat, daß sie uns von den Hannoveranern streitig gemacht wird. Das einst überaus populäre Lied von Herzog Oels, dem tapferen Helden, dagegen war ganz und gar braunschweigisch, aber da in seinen Versen zum Kampf gegen die Franzosen aufgerufen wird, paßt es nicht mehr in die europäisch-versöhnliche Landschaft und lebt nur ohne Text in einem Truppenmarsch der Bundeswehr weiter.

Endlich hat ein so lange existierendes Land wie das alte Braunschweig auch Denkmäler hinterlassen, die an seine Staatlichkeit erinnern, an seine Herrscher und Soldaten vor allem, nicht nur in den Residenzen Braunschweig und Wolfenbüttel, sondern auch in Helmstedt oder in noch entlegeneren Orten wie oberhalb des schon erwähnten idyllischen Dörfchens Rühle an der Weser oder in der berühmten Exklave Thedinghausen vor den Toren von Bremen — sogar auf dem Heeseberg bei Jerxheim findet sich noch ein Gedenkstein, der an einen Besuch des letzten Herzogspaares erinnert. Wer sich in der Regionalgeschichte auskennt, kann außer an solchen Denkmälern auch an Straßennamen erkennen, daß er sich auf altbraunschweigischem Territorium befindet: Namen wie Herzog-Julius- oder Herzog-Wilhelm-Straße deuten ebenso eindeutig auf Braunschweig hin wie Jasperallee oder Steinackerstraße. Und zusammengehalten wird das Ganze bis heute durch die verwitterten Grenzsteine, die man im Solling und Harz ebenso findet wie entlang den hin und her springenden alten Landesgrenzen in der Ebene: »HB« steht auf ihnen, nach innen für »Herzogtum Braunschweig«, »KH« oder »KP« nach außen für »Königreich Hannover« oder »Königreich Preußen«.

V.

An überlebenden Symbolen und äußeren Spuren des jahrhundertalten Landes mangelt es also bis heute nicht. Sie alle sind das Ergebnis einer nicht nur langen, sondern auch bewegten, immer wieder ins Dramatische gesteigerten Geschichte, die auch eine Reihe bedeutender oder auf jeden Fall farbiger Persönlichkeiten hervorgebracht hat, eine Reihe, die von Heinrich dem Löwen bis Heinrich Jasper reicht. Auch an heute sogenannten »Integrationsfiguren« mangelt es also nicht; Braunschweig steht insofern deutlich besser da als Hannover, Oldenburg oder gar Schaumburg-Lippe. Das ist so, weil es nicht nur jahrhundertelang so etwas wie

Herzog Heinrich der Jüngere (1489 — 1568).

Herzog Julius (1564 — 1613).

Herzog Anton Ulrich (1633 — 1714).

Herzog Carl I. (1717 — 1780).

einen braunschweigischen Staat gab, sondern weil in diesem Staat immer wieder Ereignisse und Entwicklungen stattfanden, die exemplarischen Charakter hatten, die also Modellcharakter für historische Haltungen oder Epochen trugen, im positiven wie im negativen Sinne. Eine Kurzwanderung durch die braunschweigische Geschichte möge dies verdeutlichen.

Schon der alles überschattende Ahnherr Braunschweigs, Herzog Heinrich der Löwe, verkörperte Exemplarisches: das alte Stammesherzogtum als politische Untergliederung des frühen Reiches, und dies gleich doppelt, für Sachsen und für Bayern — er war der mächtigste unter den Herzögen, und diese Macht verführte ihn auch.

Sein Sturz und dessen Folgen brachten wiederum Exemplarisches hervor: das 1235 entstehende Herzogtum Braunschweig-Lüneburg verkörpert geradezu den Schulfall des modernen, von der alten Stammesgliederung gelösten Territorialstaates in Deutschland, dem als Gliederungsprinzip die Zukunft gehören sollte.

Im 16. Jahrhundert wird dann in Braunschweig-Wolfenbüttel der europäische Typus des Renaissancefürsten vor- und ausgelebt, durch Herzog Heinrich den Jüngeren, blutvoll und vor Tugenden wie Untugenden geradezu berstend, ehrgeizig und bedenkenlos, unbeugsam im Unglück, starrsinniger Verteidiger des alten Glaubens.

Sein Sohn Julius führt dann doch den neuen Glauben ein, der durch die Landeskirche zu einer wichtigen Klammer des Staates wird. Wiederum ein exemplarischer Fürst, Schulfall für die mit der Reformation an die Macht kommenden Herrscher der norddeutschen Territorialstaaten, sorgfältiger, nimmermüder Administrator und Wirtschaftsförderer, auch Förderer der von scholastischen Zwängen befreiten Wissenschaft. Die Landesuniversität Helmstedt ist sein Werk; Herzog August wird die bald berühmte Wolfenbütteler Bibliothek hinzufügen.

Anton Ulrich dann liefert den barocken Typus: ohne Rücksicht auf die beschränkten Ressourcen seines Landes ausschweifend ehrgeizig, in der Politik bald gescheitert, auch mit dem Bau eines braunschweigischen Versailles in Salzdahlum nicht dauerhaft erfolgreich, sich wie Herzog August dauernden Nachruhm sichernd, aber durch eine kulturelle Großtat, den Aufbau der Gemäldegalerie, die europäischen Rang erreicht und den Grundstock des heutigen Herzog-Anton Ulrich-Museums bildet.

Man staunt, daß Braunschweig für die bald folgende Epoche des aufgeklärten Absolutismus wiederum einen Modellfall bereithält: Karl I. war es, der die neuen Prinzipien im engen Rahmen seines Landes zu verwirklichen suchte, der in Landeskultur und Wirtschaftsförderung Großes leistet, Glaubensflüchtlinge aufnahm und das Collegium Carolinum gründete. Der Braunschweiger Hof war eine Zeitlang einer der bedeutendsten Deutschlands — Anna Amalia trug seinen inneren Glanz nach Weimar.

In eine ganz andere Epoche wies der nächste Typus, den Braunschweig lieferte: Der Schwarze Herzog steht für die Kraft des kämpferischen Patriotismus, der, in

Herzog Friedrich Wilhelm (1771 — 1815) mit seinen beiden Söhnen Karl (1804 — 1873) und Wilhelm (1806 — 1884).

Am 7. September 1830 gab es in Braunschweig eine revolutionäre Erhebung gegen Herzog Karl II. (1804 — 1873), bei der das Residenzschloß durch einen Brand zerstört wurde.

Reaktion auf die französische Revolution enstanden, deren Fortsetzer Napoleon schließlich überwand. Neben dem Erzherzog Karl, Ferdinand von Schill und Andreas Hofer wird der Herzog von Braunschweig zur Symbolfigur des deutschen Widerstandes, auf dessen Porträt man noch heute sogar im fernen Schottland stoßen kann.

1830 folgte der Modellfall einer gelungenen Revolution — ein in Deutschland gewiß seltenes Modell. Eigentlich war es keine Revolution, sondern ein Staatsstreich mit eher dürftiger revolutionärer Kulisse. Die Braunschweiger wiesen nach, daß spätabsolutistische Selbstherrlichkeit im Zeitalter der bürgerlich-patriotischen Emanzipation keine Zukunkft mehr hatte. Und wiederum wurde das Land ein Modellfall — für eine auf der Höhe der Zeit stehende konstitutionelle Monarchie, mit einer Verfassung, die den Bürgern Grundrechte sicherte und einen modernen Rechtsstaat entstehen ließ, der die Todesstrafe früh abschaffen konnte. Die Braunschweiger entwickelten nicht ohne Grund in jenen Jahren eine Art »Verfassungspatriotismus«, der die nicht so fortschrittlichen Verhältnisse bei den großen Nachbarn Hannover und Preußen mit Herablassung betrachtete.

Die Arbeiterbewegung, die sich lange Zeit gegen den Staat entwickeln mußte, fand in Braunschweig früh zu großer Stärke und zu einem exemplarischen Vertreter: Wilhelm Bracke war es, der, obwohl selbst dem Wirtschaftsbürgertum entstammend, die Sache der Arbeiter zu der seinen machte, und der bis zu seinem frühen Tode eine der herausragenden Führerfiguren der Sozialdemokratie war. 1918 kamen Arbeiterbewegung und bürgerliche Demokraten an die Macht, unter schwierigsten Bedingungen. Braunschweig war wieder für einen Modellfall gut: das Extremmodell einer Räterepublik mit großem Anspruch, aber nicht ohne eulenspiegelhafte Züge — die Generation meiner Eltern steckte noch voller Anekdoten aus jener Zeit. Aber auch die bürgerlich-demokratische Republik, zu der sich Braunschweig anschließend entwickelte, war auf ihre Weise exemplarisch — für die ständig bedrohte und dann zerfallende bürgerliche Republik von Weimar. Trotz bedeutender Persönlichkeiten wie Heinrich Jasper ließ die extreme Polarisierung eine konstruktive Zusammenarbeit aller demokratischen Kräfte nicht zu. Das Ende ist bekannt: auf den negativen Modellfall des Einzugs der Nationalsozialisten in die Landesregierung 1930 folgt die Gleichschaltung 1933, und Braunschweig, das Hitler die deutsche Staatsbürgerschaft ermöglicht und die Herrschaft des Nationalsozialismus mit Greueltaten eigenen Ranges eingeläutet hatte, wurde eine Art NS-Musterland unter gleichzeitigem Verlust jeder eigenen Bedeutung als Staat — die Macht lag jetzt beim Reich und immer mehr auch beim Gauleiter in Hannover.

Nach 1945 ein letztesmal zum Modellfall zu werden, blieb keine Zeit; die Uhr des kleinen Landes war abgelaufen. Auch so hinterließ es ein auffällig reiches, buntes und in viele Richtungen aussagekräftiges Erbe, und man kann noch heute im Rückblick sagen, was Stendhal einst als napoleonischer Besatzungsbeamter formuliert hat: Unter den kleinen Staaten Deutschlands war Braunschweig der bedeutendste.

VI.

Aber seine reiche und bunte Geschichte hatte ihre eigene Dialektik, denn die vielen und oft positiven Modellfälle begleitet ein tragischer Zug. Die Geschichte des Landes Braunschweig enthält Keime der Gefährdung und des Niedergangs von Anfang an.

Erinnern wir uns: Den ersten Anfang dieser Geschichte bildete ja eine politische Katastrophe erster Ordnung, nämlich der politische Konkurs Heinrichs des Löwen. Das anschließende Herzogtum Braunschweig-Lüneburg wurde als dynastisch definiertes und regiertes Gebilde alsbald Opfer dynastischer Teilungspolitik. Hin und her wurden die Ländereien zwischen Harz und Heide, Weser und Elbe zwischen den verschiedenen Linien des Welfenhauses geschoben, jahrhundertelang. Was davon später das Herzogtum Braunschweig werden sollte, hatte dabei über lange Zeiten durchaus die Nase vorn. Im Schicksalsjahr 1635 indessen lief es genau andersherum, und was jetzt entstand, sollte bis zum Ende des Landes Braunschweig so bleiben: ein kleines und zudem extrem zerrissenes Land aus nicht weniger als zehn Teilen, eingeklemmt zwischen weit größeren und stärkeren Nachbarn, zwar größer als das heutige Saar-

Im Jahr 1671 eroberten die drei verbündeten Welfenhäuser unter Führung von Herzog Rudolf August (1627 — 1704) die Stadt Braunschweig. Der Elfenbeinhumpen mit Kriegsszenen und Friedensschluß der Türkenkriege erinnert mit einem im Deckel eingelassenen Reichstaler von 1671 an diesen Erfolg des braunschweigischen Herzogs.

Wolfenbütteler Kreisblatt

Amtliches Organ der Herzoglichen Behörden und des Stadtmagistrats

Gegründet 1786 — Braunschweigische Landzeitung — Gegründet 1786

Das Wolfenbütteler Kreisblatt erscheint täglich mit Ausnahme der Sonn- und Festtage. Gratisbeilagen zum Wolfenbütteler Kreisblatt: Illustriertes Sonntagsblatt, jeden Monat die Heimstatt, für das Land wöchentlich des Landmanns Sonntagsblatt. Wandkalender, Sommer- und Winterfahrplan.

Bestellungen übernehmen für Wolfenbüttel die Expedition, die Ausgabestellen, oder die Boten, auswärts die Postämter und Landbriefträger.

Redaktion [illegible] Fernsprecher: Nr. 71.
Expedition: [illegible] Fernsprecher: Nr. 29.

Bezugspreis [illegible]

Anzeigenpreis [illegible]

Telegramm-Adresse: [illegible]

Nr. 112 — Donnerstag, den 14. Mai 1914 — 128. Jahrgang

Zum Einzuge unseres Herzogpaares!

Auch Wolfenbüttel erlebte letztmalig den Einzug des Herzogpaares und zwar am 14. Mai 1914.

land oder als Luxemburg, aber eben doch ein Kleinstaat.

Die im Hauptstück des Landes liegende einzige Großstadt Braunschweig fügte zwar der Landesgeschichte einen eigenen exemplarischen Zug städtischer Selbstbehauptung hinzu, genau diese jahrhundertelange Selbstbehauptung war aber für das Land auch ein Verhängnis. Gewicht und Kraft der Stadt fehlten dem Lande, und die immer wieder auftretenden Konflikte zwischen Herzog und Stadt schwächten das Land zusätzlich. Als diese Hypothek 1671 mit der Unterwerfung der Stadt wegfiel, war es zu spät. Für das seit 1635 kleine Land Braunschweig war die Stadt viel zu groß (oder das Land viel zu klein für die große Stadt). Die calenbergische Linie des Welfenhauses, die bezeichnenderweise 1636 Hannover zu ihrer Residenz erhoben hatte, hatte jetzt, wie sich bald zeigen sollte, die Nase vorn. Im sich schnell entwickelnden Wettbewerb mit Hannover wurde Braunschweig bald und dauerhaft zum Verlierer.

Die Stationen: 1692 schnappte Hannover den Braunschweigern die Kurwürde weg, das begehrte Statussymbol des alten Reiches. Zehn Jahre später, als Braunschweig unter Anton Ulrich sich gegen diese Entwicklung durch eine Allianz mit Frankreich auflehnt, besetzt hannoversches Militär in einer Blitzaktion das ganze Land und bringt den Herzog zur Räson. 1714 werden die hannoverschen Kurfürsten Könige von Großbritannien und Irland und stärken so die Übermacht gegen den kleinen Nachbarn Braunschweig noch mehr. Das zeigt sich 1815, als Braunschweig zwar wie Preußen und Hannover zu den Siegermächten gehört, aber im Unterschied zu beiden nicht einen einzigen Quadratkilometer Landes hinzugewinnt und ein ohnmächtiger, zerrissener Kleinstaat bleibt. Und damit nicht genug: Seit etwa 1850 begann man in Braunschweig mit dem Aussterben seiner Linie des Welfenhauses und mit dem Anschluß an Hannover auf dem Erbwege zu rechnen; die hannoverschen Beamten wurden vorsorglich schon auf die braunschweigische Verfassung vereidigt.

Kein Wunder, daß unter solchen Umständen braunschweigische Außenpolitik seit dem früheren 18. Jahrhundert in erster Linie Kampf ums Überleben als Staat bedeutete. 1756 und 1806 verstrickte die Anlehnung an das starke Preußen das Land in zwei unheilvolle Kriege. Durch Napoleon verlor es vorübergehend seine Existenz — wie Hannover auch —, lebte aber, dank der Taten des Schwarzen Herzogs, 1813 und endgültig 1815 wieder auf. In den Jahren der deutschen Zolleinigung folgte Braunschweig zunächst der hannoverschen Sonderpolitik. Aber dann wurde es durch politisch-wirtschaftliche Vernunft auf die preußische Seite gezwungen, der die Zukunft gehörte; ein erbitterter Zollkrieg blieb Episode. 1866 fand es erneut zu Preußen und rettete sich so in den Norddeutschen Bund und das Deutsche Reich. Statt des Anfalls an Hannover drohte jetzt das Aufgesaugtwerden durch das übermächtige Preußen. Die Rückkehr der Welfen auf den Thron 1913 bannte diese Gefahr und wurde verständlicherweise viel bejubelt — die monarchische Grundordnung des Reiches war eine Garantie für das Fortbestehen auch kleiner und zerrissener Staatsgebilde. Dies änderte sich mit dem Übergang in die Republik 1918. Die Existenzberechtigung der kleinen Länder Deutschlands stand von jetzt an dauernd und erbarmungslos

Am 3. November 1913 erfolgte der feierliche Einzug von Herzog Ernst August (1887 — 1953) und Herzogin Victoria Luise (1892 — 1980) in Braunschweig.

auf dem Prüfstand. Der vom Ersten Weltkrieg ab erfolgte Übergang zum Sozialstaat überforderte schnell die finanzielle Leistungsfähigkeit der Kleinstaaten, die vor dem Krieg noch üblichen Haushaltsüberschüsse wurden durch chronische und steigende Defizite abgelöst. So kamen bald weitreichende Überlegungen zu einer Reichsreform in Gang, und Braunschweig hatte dabei schlechte Karten. Seine bizarre Gestalt machte es wieder einmal zu einem Modellfall: als Appetitshappen für Gebietsreformer.

Erst unter Hitler indessen ging es dem alten Lande wirklich an den Kragen. Zuerst nahm man ihm jede politische Macht, dann, ab 1937, begann man, sein Territorium zu verändern. Ohne großen Reformansatz, nur aufgrund punktueller Zweckmäßigkeit und einer primitiven Tausch-Mentalität der beteiligten Machthaber verlor das Land seine jahrhundertealte Gestalt, und die Zonenteilung vollendete diesen Prozeß.

VII.

Läßt man alle Stationen des langen Überlebenskampfes auf sich wirken, dann drängt sich die Einsicht auf, daß das schließliche Aufgehen Braunschweigs in Niedersachsen in der Geschichte angelegt war. Die allgemein schwindende Existenzberechtigung der Kleinstaaten war das eine Moment, das zur Fusion führte. Zwar liefert gerade die braunschweigische Geschichte viele Beispiele für die Leistungen und den Charme eines kleinen Landes, und der Satz »*Small is beautiful*« ließe sich mit blau-gelben Anekdoten reichlich auspolstern. An den harten wirtschaftlichen Fakten ändert das nichts.

Das zweite, ein Aufgehen Braunschweigs in Niedersachsen legitimierende Moment ist, daß es sich beim Zusammengehen mit Hannover um eine Art Wiedervereinigung handelte. Land und Menschen Braunschweigs und Hannovers sind kaum zu unterscheiden, sie haben ihren historischen Weg gemeinsam begonnen und lediglich die Zufälle dynastischer Erb- und Tauschaktionen haben zu den jeder Vernunft entratenden Grenzen zwischen beiden alten Ländern geführt. Schon 1884 — wir wollen es nicht vergessen — wäre die Wiedervereinigung eingetreten, wenn nicht Bismarcks Reich dazwischengestanden hätte.

Daß — drittens — Braunschweig mit seiner relativ entwickelten Industrie und überhaupt mit seiner Wirtschaftskraft zur Lebensfähigkeit des heutigen Landes Niedersachsen wesentlich beiträgt, dafür also notwendig war, kommt noch hinzu.

Niedersachsens erfolgreicher Weg durch 50 Jahre bestätigt die Richtigkeit seiner Gründung. Doch haben sich von seinen »Gründerländern« vor allem Oldenburg und Schaumburg-Lippe (heute im Kreis Schaumburg versteckt) erhebliches Eigenbewußtsein bewahrt. Das hängt mit Überschaubarkeit und Kompaktheit dieser alten Länder zusammen, auch mit dem Fortdauern und der Präsenz eigener Dynastien, die noch tief in der Republik das Gefühl eigener Identität wachhalten helfen. Im Falle Oldenburg kommt das Gewicht der eigenen Geschichte hinzu, die zwar von Farbigkeit und Dramatik der braunschweigischen Geschichte weit entfernt ist, dafür aber durch die lange Verbindung mit Dänemark und die kurze des Jeverlandes mit Rußland eine besondere Verflochtenheit mit der europäischen Geschichte aufweist. Da zumindest Teile des alten Hannover — Ostfriesland vor allem, aber auch das Emsland und Osnabrück — ein spürbares Sonderbewußtsein bewahrt haben, kann man Niedersachsen nach wie vor einen heimlichen Bundesstaat nennen. Insofern ist Niedersachsen kein Sonderfall: Die Landkarte des heutigen deutschen Föderalismus ruht auf älteren Karten mit anderen Grenzen und anderen Territorien, die das Bewußtsein auch der heute dort lebenden Menschen noch mitprägen — die Kurpfalz, Nassau, Anhalt fallen als Beispiele ein, von Baden, Württemberg und Hohenzollern ganz zu schweigen. In einer noch tieferen historischen Schicht liegt die Landkarte der alten deutschen Stämme, deren fortdauernde Bedeutung vielerorts mit Händen zu greifen ist.

VIII.

Auch Braunschweig gehört in die Reihe jener versunkenen, aber auf vielfältige Weise noch fortlebenden alten Territorien. Wie stark, wie lebendig, wie zukunftsträchtig ist aber das entsprechende Bewußtsein in der Bevölkerung? Die Frage gerade jetzt zu stellen, ist wichtig, denn die sogenannte »Erlebnisgeneration« der Menschen, die das alte Land noch selbst erlebt oder es wenigstens noch in den Erzählungen ihrer Eltern vorgeführt bekommen haben, ist im Schwinden begriffen. Welche Chancen hat, so gesehen, ein »Braunschweig-Bewußtsein«, wenn man es nicht nur als irgendein regionales Sondergefühl, sondern als Nachwirkung der eigenen Staatstradition des Landes betrachtet? Wie lange wird das alte Land Braunschweig tatsächlich, in den Worten der Abschiedsfeier von 1946, »in den Herzen weiterleben?«

So etwas ist natürlich schwer zu messen und daher auch schwer zu sagen. Meine These ist, daß das »Braunschweig-Bewußtsein«, nach dem ich gefragt habe, zwar schwach, aber doch vorhanden ist und ein zähes Leben haben wird. Mit »schwach« meine ich eigentlich: im landesweiten Vergleich schwächer als das Sonderbewußtsein der Oldenburger oder Ostfriesen. Dafür gibt es Gründe. Den historischer Schwärmerei abgeneigten, nüchternen Sinn und das nutzenorientierte, brotlose Traditionen geringschätzende Denken haben die Braunschweiger zwar mit den anderen Niedersachsen gemeinsam, und in einer Zeit gewaltiger gesellschaftlicher Umwälzungen ist der Wert historischer Traditionen ohnehin allgemein im Schwinden. Wenn es trotzdem bis heute keine »Stromlinien-Niedersachsen«, sondern die durchaus unterschiedlichen Regionalgemeinschaften als Glieder des heimlichen Bundesstaates gibt, von dem ich gesprochen habe, so liegt das an dem uralten Bedürfnis der Deutschen, aber besonders der Niedersachsen, im überschaubaren Bereich der engeren Heimat eine eigene Identität zu entwickeln, die sich neben der als Deutscher und Europäer behauptet. Im Falle Oldenburgs und Schaumburg-Lippes kann ein solches Heimatgefühl zwanglos zugleich an die eigene Staatstradition anknüpfen: Heimatregion und altes Land fallen immer noch mehr oder weniger zusammen. Die Hannoveraner und eben auch die Braunschweiger haben es in dieser Hinsicht schwerer. Beide alten Länder waren, das eine größer, das andere kleiner, zu weit ausgedehnt oder verstreut, als daß sie dem Bedürfnis ihrer Menschen nach einem eigene Identität begründenden Heimatgefühl genügen könnten, schon gar nicht mehr nach dem Wegfall eigener Staatlichkeit und nach dem Verwischen der alten Grenzen durch die Gebietsreformen.

Bei Braunschweig kommt nun hinzu, daß das alte Land wirklich extrem zerrissen war, und daß seine Konturen noch in der letzten Zeit seines Bestehens wesentlich verändert, durch die niedersächsischen Gebietsreformen sogar fast bis zur Unkenntlichkeit verwischt wurden. Es war eine große Leistung der altbraunschweigischen Verwaltung, ein so zerrissenes Land überhaupt zusammenzuhalten, ja es lange Zeit sogar mit einem ausgeprägten Staatsbewußtsein zu versehen. Nach dem Wegfall der staatlichen Klammer muß sich solch braunschweigisches Sonderbewußtsein einen neuen Halt suchen. Das geschieht auch, und zwar nach meinem Eindruck auf zwei Wegen. Der eine führt zur emotionalen und organisatorischen Anknüpfung an den kompakten und überschaubaren Lebensraum des braunschweigischen Kernlandes, also an das, was wir heute »Braunschweiger Land« nennen, und was längst wie selbstverständlich früher hannöversche Gebietsteile, Städte und Ortschaften einschließt. Die Institution der Braunschweigischen Landschaft steht für diesen Weg.

Aber auch noch an anderen Institutionen kann braunschweigisches Sonderbewußtsein seinen Halt finden. Sie stehen für einen zweiten Weg, der den ersten glücklich ergänzt. Die Institutionen, um die es mir

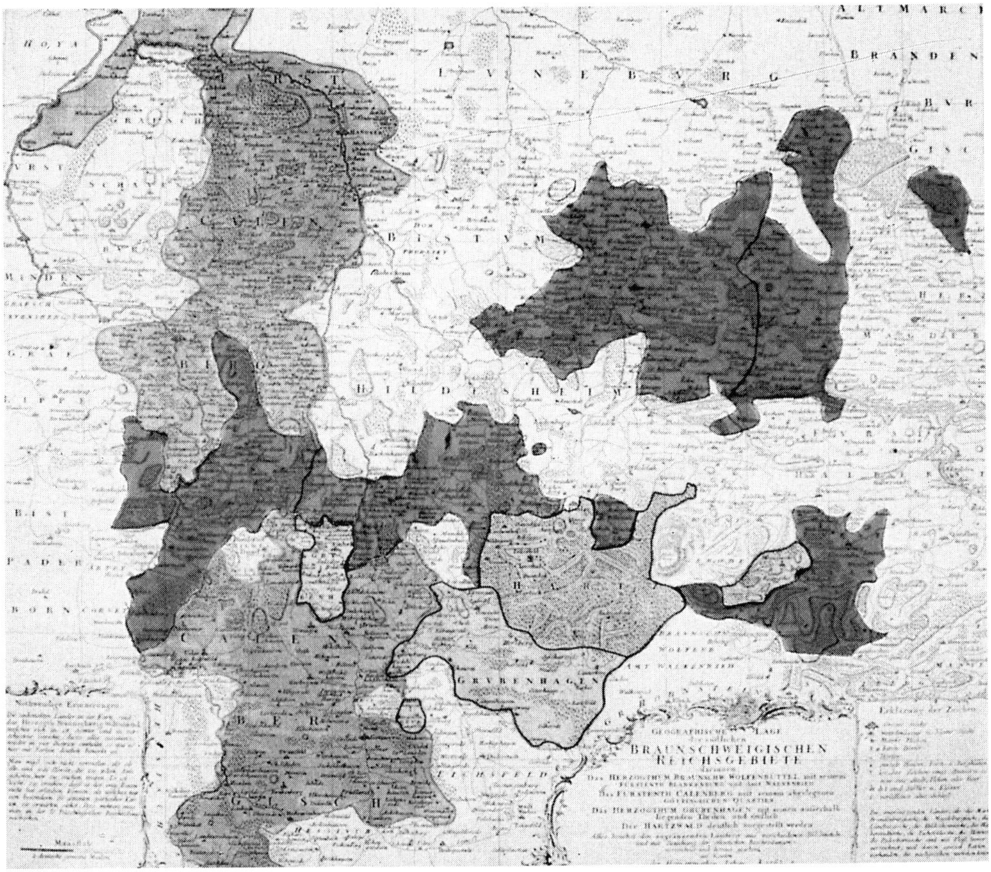

Die Übersichtskarte zeigt deutlich die schwierige topographische Situation des Landes Braunschweig, das in viele Einzelteile verstreut lag.

hier geht, gehen auf das alte Land zurück oder knüpfen doch an dessen staatliche Tradition an. Als Beispiel ist hier die Landeskirche zu nennen, die heute zwar nicht mehr den alten Kreis Holzminden umfaßt, wohl aber wieder Calvörde und den ganzen alten Kreis Blankenburg. Der Kloster- und Studienfonds ist zu nennen, die Braunschweig-Stiftung, aber auch die neue Stiftung der Nord/LB-Öffentliche, die von zwei der braunschweigischen Staatstraditionen besonders verpflichteten Instituten getragen wird: der Nord/LB, in der die Braunschweigische Staatsbank steckt, und der Öffentlichen Brandversicherung, die auf niedersächsischem Boden nach wie vor getreulich die Gebietsteile des alten Landes Braunschweig abdeckt. Vor allem aber ist hier des Braunschweigischen Landesmuseums zu gedenken, das wie keine andere Institution das historische Erbe des alten Landes hütet und es zugleich verkörpert. Seine Rolle beim Wachhalten eines konstruktiven und zukunftsträchtigen Braunschweig-Bewußtseins kann kaum überschätzt werden.

Es gibt also ein ganzes Geflecht von Organisationen, an die ein solches Bewußtsein anknüpfen kann, oder die dieses Bewußtsein — anders ausgedrückt — durch ihren Braunschweig-Bezug und entsprechende Aktivitäten wachhalten.

Wir können dankbar sein, daß das Land Niedersachsen solche Organisationen und ihre Aktivitäten nicht nur duldet, sondern fördert. Von Anfang an, wie man schon in der ersten Landesverfassng nachlesen kann, hat das Land der eigenen Staatstradition seiner vier »Gründerländer« seinen Respekt erwiesen und ist gut damit gefahren. Das vielgerühmte Baden-Württemberg hat seine entsprechenden Traditionsfäden viel rigoroser abgeschnitten, aber trotzdem ist das sich in gewisser Weise aus gegenseitiger Abgrenzung nährende Sonderbewußtsein der Badener und Württemberger zäh am Leben geblieben. Auch in Niedersachsen fehlt dem regionalen Sonderbewußtsein eine gewisse Spitze gegen die Nachbarn nicht — wer wollte das angesichts der in einer langen und leidvollen Wettbewerbsgeschichte gewachsenen Einstellung der Braunschweiger zu »Hannover« leugnen? Auch moderne Oldenburger sprechen mitunter noch von »drüben in Niedersachsen« — als gehörten sie nicht dazu. Doch im wesentlichen ruht unser regionales, auch das braunschweigische, Sonderbewußtsein in sich selbst, nämlich im Grundbedürfnis unserer Menschen, sich mit einem engeren überschaubaren Lebensraum zu identifizieren und sich dadurch, ohne jede Überheblichkeit, von den anderen »abzuheben«.

Das Bedürfnis nach einer solchen, besonderen Identität steht nicht im Widerspruch zu den globalisierenden, alle Besonderheiten einebnenden Tendenzen unserer Zeit. Im Gegenteil, gerade wegen dieser Tendenzen suchen viele Menschen verstärkt einen emotionalen Halt in ihrem näheren Lebensraum und nehmen es dankbar an, wenn man ihnen dessen besondere Werte und damit dessen besondere Wärme erschließt und vermittelt. Nichts belegt dies in letzter Zeit anschaulicher als der riesige und verdiente Erfolg der beiden Bücher über das Braunschweiger »Klinterklater«, einer an Bodenständigkeit, Plastik und Drastik schwer zu schlagenden Sprache, die zu hören jedem »olen Bronswieker« das Herz erwärmt, und dies gerade in einer Zeit, in der regionale Sprachbesonderheiten durch die Übermacht der Fernsehsprache allmählich zu verschwinden drohen.

IX.

Um nun wieder den Bogen zum alten Land Braunschweig zu schlagen: Ich glaube einfach, daß es mit der Hilfe der auf unseren engeren Lebensraum bezogenen Organisationen und ihrer Aktivitäten gelingen wird, im Bewußtsein der Braunschweiger auch das alte Land, seine Geschichte und seine Leistungen lebendig zu erhalten und es so, so wie es sich der letzte Landtag anno 1946 gewünscht hat, nicht nur in den Köpfen, sondern auch in den Herzen weiterleben zu lassen.

Denn es ist nun einmal so: Die Besonderheit unseres Raumes und seiner Menschen hat sich viele Jahrhunderte lang in eben diesem Land, in seiner Prägung durch Herzöge, Bürger und Bauern ver-

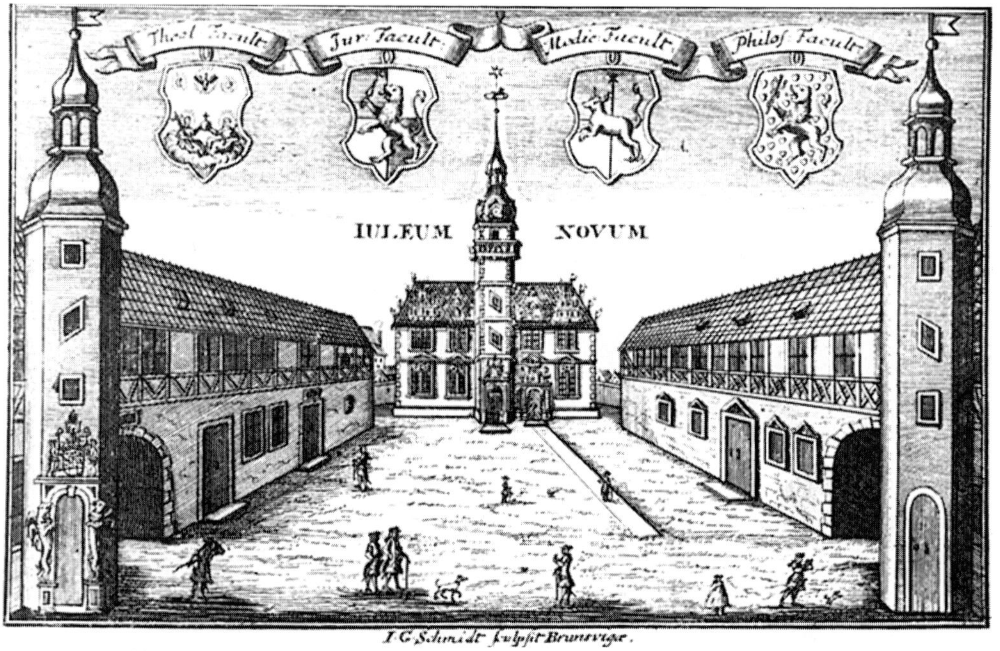

Die Universität Helmstedt im 18. Jahrhundert, ein Wissenschaftszentrum des braunschweigischen Staates, bevor die Konkurrenz in Göttingen durch die hannoverschen Welfen gegründet wurde.

körpert. Seine wechselvollen Schicksale bieten politische Lehrstücke in Hülle und Fülle und spiegelten zugleich die Eigenart der Menschen unseres Raumes wider. Seine Leistungen wirken auf vielfältige Weise in Gegenwart und Zukunft weiter, in der Wirtschaft ebenso wie in der Kultur. Daß Braunschweig einen unverzichtbaren Eckstein des zukunftsträchtigen Wissenschaftsdreiecks Göttingen-Hannover-Braunschweig bilden kann, hätte sich ohne die Pionierleistungen des braunschweigischen Staates in Braunschweig, Wolfenbüttel und Helmstedt so nicht entwickelt. Und der Rang des Raumes Braunschweig in der niedersächsischen Kulturlandschaft geht ebenfalls auf Pionierleistungen zurück, meist solche der Welfenherzöge, aber damit eben auch solche des braunschweigischen Staates. Gründe genug, das Andenken an diesen Staat nicht nur aus historischem Dokumentationsinteresse, sondern auch mit Stolz zu bewahren.

Dies auch deshalb, weil es nicht nur eine beachtliche Leistung war, diesen kleinen und zerrissenen Staat Braunschweig bis in unsere Zeit hinein am Leben zu erhalten (so sehr das außenpolitische Geschick durch glückliche Zufälle unterstützt wurde), sondern weil es auch eine beachtliche Leistung war, diesen kleinen und zerrissenen Staat immer wieder zum Modellfall zu machen und ihm dadurch eine über seine Größe weit hinausgehende Bedeutung zu verschaffen. Der blau-gelbe Patriotismus, den wir vor allem im vorigen

Das eindrucksvolle Wolfenbütteler Bibliotheksquartier der Herzog August Bibliothek hat sich in der Zeit nach dem Zweiten Weltkrieg zu einem internationalen Zentrum der europäischen Wissenschaft und Kultur entwickelt.

Jahrhundert, aber auch noch weit in das unsere hinein beobachten können, war daher weder exaltiert noch künstlich, sondern hatte höchst reale Wurzeln. Er bezog seine Natürlichkeit und seine Stärke gerade aus der Kleinheit des Landes, die alles überschaubar hielt. Ein »Staat zum Anfassen« also, kein anonymer Machtapparat wie bei großen Flächenstaaten.

Und noch die Mängel und Fehlleistungen dieses Staates enthalten politische Lehrstücke, die es wert sind, bewahrt zu werden. Die Überschätzung eigener Möglichkeiten, die schon die Katastrophe Heinrichs des Löwen auslösten, die sich aber im 18. und 19. Jahrhundert auf finanziellem Gebiet wiederholte, warnt auch für die Zukunft vor Wiederholungen. Der lähmende Konflikt zwischen Land und Stadt Braunschweig lehrt für alle Zeiten, wie verheerend es für die Entwicklung eines Raumes ist, wenn seine Kräfte nicht politisch zusammengefaßt sind und an einem Strang ziehen, sondern sich in internem Streit verzehren. Die Verfallszeit des alten Landes in der späten Weimarer Republik endlich lehrt für alle Zeiten, wohin es führt, wenn die politische Klasse eines Staates die gemeinsame Verwurzelung in rechtlich-moralischen Grundvorstellungen und damit die grundsätzliche Kooperationsfähigkeit verliert.

Alles höchst aktuelle Lektionen. Auch aus diesem Grunde bin ich zuversichtlich, daß das reiche historische Erbe, das gerade die staatliche Vergangenheit Braunschweigs für seine Menschen und für ihr Bewußtsein und damit für ihre Identität bereithält, mit Hilfe der dafür bereitstehenden Institutionen auch genutzt werden und fruchtbar bleiben wird. Damit statten wir zugleich unseren Dank an die vielen Generationen unserer Vorfahren ab, die dem alten Lande Braunschweig gedient, die es geprägt — und die es vielfach auch geliebt haben.

Am heutigen Tage richtet sich solcher Dank natürlich besonders an die Männer und Frauen, die vor 50 Jahren unter schwierigsten Bedingungen in Landtag und Landesregierung die letzte Phase des Landes Braunschweig gestalten mußten. Sie haben in würdiger Form das historisch Notwendige und Richtige getan und dadurch dem Lande Braunschweig nach der finsteren Zeit des Nationalsozialismus einen anständigen Abgang aus der Geschichte gesichert. Wieviel besser ist es, daß der letzte Ministerpräsident des alten Landes der integre Alfred Kubel war und nicht eine Figur wie Dietrich Klagges!

Das Land Braunschweig verfiel 1946 der Geschichte. Geschichte ist das, was geschehen ist und was wir davon weitertragen. In diesem Sinne ist das alte Land, jahrhundertelang politische Lebensform unserer Vorfahren, vergangen, aber es ist auch in uns hinein vergangen und uns damit anvertraut.

Die Schlußsitzung des Braunschweigischen Landtages am 21. November 1946

Gerd Biegel

Mit Verordnung Nr. 55 der Britischen Militärregierung wurde am 1. November 1946 das Land Niedersachsen gegründet. Damit endete auch das letzte Zwischenspiel eines politisch selbständigen Landes Braunschweig. Mit der ersten ordentlichen Landtagssitzung am 21. Februar 1946 begann auch in den wiedererrichteten Verfassungsorganen das Bemühen, einen Weg aus Chaos und Not zu finden.

Not und Elend der Braunschweiger Bevölkerung der Nachkriegszeit wurden im Februar 1946 noch zusätzlich gesteigert durch ein gewaltiges Hochwasser, das die gesamte Stadt überflutete. Hier der Blick auf den alten Bahnhof und den Friedrich-Wilhelm-Platz am 9. und 10. Februar 1946.

Dienstag, 31. Dezember 1946 BRAUNSCHWEIGER ZEITUNG Seite 3

1946 im Spiegel der „BZ"

Ein Jahr ist vergangen, wohl das schwerste, das wir erlebten. Rückschauend sehen wir enttäuschte Hoffnungen und Ernährungsschwierigkeiten, die im Sommer die Form einer wahren Katastrophe annahmen und das ganze Leben in Deutschland überschatteten. Beim Blättern durch den Jahrgang der „BZ" stoßen wir immer wieder auf dieselben schweren Probleme, die alle den Absturz unserer Lebenskraft aufzeigen. Nur wenige Ereignisse, wie der Beschluß über die wirtschaftliche Verschmelzung der beiden angelsächsischen Zonen, geben eine schwache Hoffnung für uns auf ein langsames Wiederaufsteigen zu erträglicheren Verhältnissen. Das Jahr 1946 sah Zehntausende aus ihrer ostdeutschen Heimat Vertriebener in unser Land strömen, es sah schließlich das Aufgehen Braunschweigs in das neue Land Niedersachsen. All dies blickt uns aus den Spalten der „BZ" entgegen.

15. Januar

Zonenrat aus 16 Deutschen

BERLIN (bz). Im Auftrage der britischen Militärregierung wurde in Berlin mitgeteilt, daß ein aus 16 deutschen Mitgliedern bestehender Ausschuß zur Beratung der britischen Militärregierung für den Bereich der britischen Besatzungszone in Nordwestdeutschland gebildet werden soll.

16. Februar

Hochwasserschäden

BRAUNSCHWEIG (bz). Im Lande Braunschweig sind keine Opfer an Menschenleben zu verzeichnen. Auch Viehverluste sind gering. Dagegen ist mit erheblichen Sachschäden an Wintersaat, eingemieteten Kartoffeln und Futtermitteln zu rechnen. Der am schwersten betroffene Kreis ist Gandersheim, wo z. B. in Erzhausen 45 Gebäude schwer beschädigt wurden. Als wesentliche Ursache für den unerwarteten Umfang der Katastrophe bezeichnete Professor Frohne die Kahlschläge im Harz, dessen sonst wasseraufsaugender Moosboden bereits heute fortgeschwemmt sei. Diese Tatsache müsse um so mehr Sorgen erregen, da man mit weiteren Abholzungen rechnen müsse.

20. Februar

Schwedische Hilfe

HAMBURG (dpd). Der Präsident des schwedischen Roten Kreuzes, Graf Folke Bernadotte, besuchte Hamburg und Berlin und das Ruhrgebiet, um die Arbeit seines Stabes in der britischen Zone zu inspizieren, die in Hamburg mit der Speisung von 20 000 Kindern zwischen 3 und 6 Jahren begonnen hat. Etwa 30 000 Kinder des Ruhrgebietes erhalten bisher die warme Mahlzeit des schwedischen Roten Kreuzes.

1. März

Kürzung der Rationen

HAMBURG (dpd). Von der 86. Versorgungsperiode ab muß die deutsche Brotration gekürzt werden. Ab 4. März wird die Brotzuteilung für den Normalverbraucher von 10 000 g auf 5000 g und die Nährmittelzuteilung von 2000 g auf 1500 g in der Versorgungsperiode herabgesetzt. Auch die anderen Zuteilungen müssen gekürzt werden.

Die ersten ausgewiesenen Deutschen

HAMBURG (dpd). Der erste Transport mit Deutschen, die aus Polen ausgewiesen wurden, ist in Alversdorf in der britischen Zone eingetroffen. Er bestand aus 1300 Personen, zumeist alten Leuten und Kindern. Nach diesem ersten Transport werden jetzt täglich etwa 5500 aus Posen ausgewiesene Deutsche an der russisch-britischen Grenze erwartet.

5. März

Urabstimmung?

BRAUNSCHWEIG (bz). Die Entscheidung des Zentralausschusses der SPD in der russisch besetzten Zone, eine Vereinigung der SPD mit der KPD bereits am 19. und 20. April durch einen Parteitag vornehmen zu lassen, hat eine sensationelle Korrektur erfahren.

Etwa 1500 Delegierte der SPD von Groß-Berlin haben im Admirals-Palast zu der Frage der Vereinigung Stellung genommen und die vom Zentralausschuß der Partei vorgeschlagenen Statuten für die Einheitspartei mit großer Mehrheit abgelehnt. Die Funktionärversammlung im Admiralspalast verlangte eine Urabstimmung unter allen Mitgliedern über die Frage des Zusammenschlusses zwischen der SPD und der KPD.

Der lange Nürnberg-Prozeß

„Was werden nach deiner Meinung die Kriegsverbrecher für eine Strafe kriegen?" „Man sollte ihnen vielleicht einen lebenslänglichen Prozeß machen!"

Aus „Nebelspalter"

12. März

Der Landtag zur Rationskürzung

BRAUNSCHWEIG (bz). Einstimmig wurde folgende Entschließung angenommen:

„Der Braunschweigische Landtag erklärt im Namen der gesamten Braunschweiger Bevölkerung feierlich, daß die Kürzung der Lebensmittelrationen untragbar ist. Ihre Beibehaltung würde zur Folge haben: Hunger, Arbeitsunfähigkeit, Epidemien und ... Rechtsunsicherheit ..."

5. April

Der Nährboden des Nazismus

LONDON (dana). Der englische Minister Noel Baker wies in einer Ansprache auf dem internationalen Ernährungskongreß darauf hin, daß der Hunger der Nährboden des Nazismus sei.

16. April

Die SED in Berlin gebildet

BERLIN (dana). Die Vereinigung der SPD und KPD im Bezirk Berlin zur „Sozialistischen Einheitspartei Deutschlands" wurde heute vollzogen. Die Vereinigung in Berlin wird in den Westzonen von der SPD nicht anerkannt.

14. Mai

Bevin-Plan für Deutschland

PARIS (+). Dem französischen Vorschlag, das Ruhr- und Rheinland politisch vom Reich zu trennen, steht von britischer Seite der sogenannte „Bevin-Plan" gegenüber, der ein föderatives Deutschland vorsieht, das aus einzelnen Ländern als Bundeseinheit bestehen soll. Für die Einzelstaaten wird eine weitgehende politische, verwaltungstechnische und kulturelle Autonomie verlangt. Bei einem derartigen Neuaufbau des Reiches müßten einige deutsche Zwergstaaten verschwinden, auf der anderen Seite würde aber Preußen aufgeteilt werden.

Auf dem Wege zu 1947

„Komm, Michel, jetzt haben wir den Tiefpunkt überwunden!"

Wie Karikaturisten das Jahr sahen

„Essen haben wir so viel, daß es für alle reicht! Es ist nur dieser verfluchte Papiermangel — es fehlt an Fragebogen, Frachtzetteln, Antragsformularen usw."

Aus „Göteborgs Handels- och Sjöfarts — Tidningen"

17. Mai

Kritik an der Demontage

BERLIN (dpd). Ueber Demontagemaßnahmen in Berlin sprach einer der Vorsitzenden der Berliner SPD, Franz Neumann. Er erklärte, die Demontage ginge immer noch weiter, und auch Betriebe, die gar nichts mit Rüstung zu tun hätten, wie z. B. der Berliner Schlacht- und Viehhof, seien jetzt abgebaut worden. Die deutsche Sozialdemokratie, sagte Neumann, erkenne die Pflicht auf Wiedergutmachung voll an, diese könne aber nur erfüllt werden, wenn man Deutschland die nötigen Produktionsmittel belasse.

21. Mai

Sicherung der Lebensmittelzüge

HAMBURG (dpd). Planmäßig zunehmende Plünderungen von Lebensmittelzügen haben die Militärregierung zu drastischen Maßnahmen veranlaßt. Bewaffnete Polizeieinheiten sollen jetzt den Schutz der Lebensmittel- und Kohlenzüge übernehmen. Das bewaffnete Zugpersonal soll verstärkt werden und bewaffnete Ueberfallkommandos der deutschen Polizei sollen zum Einsatz kommen.

28. Mai

Der Wahlausgang in Süddeutschland

BAD NAUHEIM (dpd). Die CDU ist nach den bisher vorliegenden Meldungen über die Stadtverordnetenwahlen als stärkste Partei in der amerikanischen Zone zu erkennen. Die CDU hat 727 806 Stimmen auf sich vereinigt. Ihr folgt als zweitstärkste Partei die SPD mit 707 935 Stimmen. In Großhessen führt die SPD.

1. Juni

Smuts fordert Revision der Deutschlandpolitik

LONDON (dpd). Eine neue Politik gegenüber Deutschland forderte der südafrikanische Ministerpräsident Smuts. Er sagte: „Versucht nicht, das deutsche Volk oder sein Heimatland oder seine Lebensmöglichkeiten zu zerstören. Ein derartiger Versuch wäre nicht nur ein Verbrechen, sondern auch ein Fehler, und der Fehlschlag könnte ebenso groß sein wie das ursprüngliche Vergehen Deutschlands."

25. Juni

„Zerstörte Lebensmöglichkeit"

NÜRNBERG (dpd). Der angeklagte Speer sagt aus: „Die Opfer, die auf beiden Seiten ab Januar 1945 gebracht wurden, wären sinnlos. Die Toten dieser Periode werden den Verantwortlichen für die Fortsetzung des Kampfes, Adolf Hitler, ebenso anklagen wie die zerstörten Städte, in denen in der letzten Phase des Krieges in ungeheurem Ausmaß Kulturwerte und Wohnungen der Vernichtung anheimgefallen sind. Rein produktionstechnisch war der Krieg schon im Mai 1944 verloren. Vom März 1945 an wollte Hitler angesichts des verlorenen Krieges bewußt auch die Lebensmöglichkeit des eigenen Volkes zerstören."

16. Juli

Weitere Flüchtlinge kommen

BRAUNSCHWEIG (bz). Oberbürgermeister Böhme gab bekannt, daß nach einer Mitteilung der Militärregierung das Land Braunschweig noch weitere 65 000 Flüchtlinge aufzunehmen habe. 30 000 davon sollen der Stadt Braunschweig zugeteilt werden.

Weniger Fett

BRAUNSCHWEIG (bz). Die 91. Zuteilungsperiode bringt einschneidende Kürzungen der Fettration für Normalverbraucher und Selbstversorger. Die Fettzuteilung, die bisher 400 Gramm in der Periode betrug, muß auf 200 g gekürzt werden. Ebenso ist eine Kürzung der Fischzuteilung von 900 auf 600 Gramm, der Zuckerzuteilung von 750 auf 500 Gramm notwendig.

2. August

Auf dem Weg zur Wirtschaftseinheit

BERLIN (dpd). „Auf der Sitzung des alliierten Kontrollrates am 20. Juli richtete General McNarney an die Oberbefehlshaber der anderen Zonen die Einladung, mit ihm zur Förderung der wirtschaftlichen Einheit zwischen ihren Zonen und der amerikanischen Zone zusammenzuarbeiten. Ich bin heute in der Lage, auf diese Einladung, soweit es sich um die britische Zone handelt, eine Antwort zu erteilen. Nach gründlicher Ueberlegung hat die Regierung seiner Majestät mich ermächtigt, das von General McNarney unterbreitete Angebot grundsätzlich anzunehmen. Dementsprechend gebe ich meinem Stabe Anweisungen, die Einzelheiten mit ihren amerikanischen Kollegen zu erörtern, um diese Entscheidung in die Tat umzusetzen."

23. August

In Zukunft: 1550 Kalorien

LONDON (dpd). Da der Stand der Ernährung in der britischen Zone kritisch ist, haben sich die britischen Behörden entschieden, daß die täglichen Rationen auf 1550 Kalorien erhöht werden, soweit das möglich ist. Minister Hynd erklärte, daß man hoffe, diese Erhöhung innerhalb der nächsten zwei oder drei Monate durchführen zu können.

Um die Dardanellen

ANKARA (dpd). Die Türkei weist in einer Note den russischen Vorschlag zurück, wonach die Sowjetunion zusammen mit der Türkei die Verteidigung und die Kontrolle der Dardanellen übernehmen sollen. Die Türkei sei nur dann zu einer Aussprache über das Dardanellenproblem bereit, wenn diese auf einer internationalen Konferenz und unter Teilnahme aller daran interessierten Staaten und der alliierten Mächte stattfindet.

10. September

Amerikas Deutschland-Programm

STUTTGART (dana). Das beherrschende politische Ereignis ist für die Welt die große Deutschlandrede, die der amerikanische Außenminister Byrnes am Freitag in Stuttgart hielt. Höhepunkte der Rede des Außenministers waren die folgenden Feststellungen:

„Die Vereinigten Staaten sind der festen Ueberzeugung, daß Deutschland als Wirtschaftseinheit verwaltet werden muß und daß die Zonenschranken, soweit sie das Wirtschaftsleben und die wirtschaftliche Betätigung in Deutschland betreffen, vollständig fallen müssen ...

Der Hauptzweck der militärischen Besetzung ist, Deutschland zu entmilitarisieren und zu entnazifizieren, nicht aber, den Bestrebungen des deutschen Volkes hinsichtlich einer Wiederaufnahme seiner Friedenswirtschaft künftige Schranken zu setzen ..."

Fortsetzung auf der nächsten Seite

Keine übertriebenen Hoffnungen

Als das Jahr 1946 begann, glaubten wir alle in Deutschland, daß das Schlimmste nun im Verklingen sei. Sieben Monate waren nach dem Zusammenbruch vergangen, der Winter war gewiß noch schwer, aber mit dem Frühling müßte wohl endlich ein sichtbarer Aufstieg beginnen. Wir glaubten uns berechtigt zu diesem Vertrauen auf das junge Jahr. Der gemeinsame Lebensmittelausschuß der Vereinten Nationen hatte der Welt versichert, daß die kritische Phase in der Lebensmittelbeschaffung bereits überwunden sei. Man erklärte damals, nach der Ernte 1946 sei es möglich, den Völkern des Kontinentes, Deutschland und Oesterreich eingeschlossen, eine tägliche Kalorienmenge von etwa 2000 Kalorien zur Verfügung zu stellen.

Die Hoffnung trog. An Stelle des Aufstiegs erlebten wir den Absturz im März. Der völlige Zusammenbruch drohte. Zwar konnte er gerade noch vermieden werden, aber die Folgen dieses Sommers beginnen sich immer deutlicher zu zeigen. Die wachsende Zahl der Hungererkrankungen, das Ansteigen der Tuberkulose sprechen ihre deutliche Sprache. Ueberfüllte Krankenhäuser, Mangel an allen Arzneimitteln, viele Millionen Verarmter und Darbender in ungenügende Wohnräume zusammengepfercht, so sieht es noch heute aus. Vor einem Jahre waren wir noch hoffnungsvoll, heute hören wir nicht mehr auf Versprechungen, heute wollen wir sehen.

Der Weg des deutschen Volkes seit dem Zusammenbruch ist der der Echternacher Springprozession: zwei Schritte vorwärts, ein Schritt zurück. Wir sahen in diesem Jahr die ersten zaghaften Schritte Deutschlands auf dem Wege zur Demokratie, die ersten Wahlen und das Wachsen der Parteien, aber was wir bis heute haben, ist nur ein Ersatz für Politik, keine wirkliche Politik. Nicht wir machen die deutsche Politik, sondern die deutsche Politik wird mit uns gemacht. Noch tragen wir keine eigene Verantwortung, noch kann sich unsere Initiative nicht frei entfalten.

Die Zonengrenzen waren als militärische Demarkationslinien gedacht, sie erstarrten zu politischen und wirtschaftlichen Grenzen. Das Zweizonenabkommen im Westen gab zwar den ersten Lichtblick, aber wir wissen, daß es leider nicht die wirtschaftliche Einheit Deutschlands bedeutet, daß die Gefahr der dauernden Trennung zwischen Ost- und Westdeutschland sogar erhöht worden ist.

Vor uns liegt wieder ein neues Jahr. Was wird es bringen? Im März werden in Moskau die Außenminister Amerikas, Rußlands, Englands und Frankreichs zusammentreten und das deutsche Problem beraten. Dort wird entschieden werden über unsere künftigen Grenzen, über das Schicksal unserer Industrie und damit über die Höhe unserer Lebenshaltung. Diese Verhandlungen werden Monate in Anspruch nehmen. Es wird nicht leicht sein, die interalliierten Interessen auf einen gemeinsamen Nenner zu bringen. Wir selbst werden unsere deutschen Gesichtspunkte nur wenig wirkungsvoll zu Gehör bringen können. Wir dürfen nur hoffen, daß man in Moskau einen Frieden vorbereitet, der nicht vom Haß diktiert wird.

Es wird ein politisch erregendes Jahr werden. Viel steht für uns, für Europa und die Welt auf dem Spiel. Es ist immer leichter gewesen, einen Krieg zu gewinnen als einen guten, haltbaren Frieden zu bauen, und es war leichter, einen Krieg vom Zaune zu brechen, als die Folgen der Niederlage zu tragen. Unmerklich gleitet das Jahr 1946 in das Jahr 1947 hinüber, und die Probleme des verflossenen Jahres stehen auch weiterhin vor uns: Kampf um das tägliche Brot, um die nackte Existenz. Ohne übertriebene Hoffnungen, ohne Illusionen gehen wir in das Jahr 1947. Aber wir beginnen es mit dem Willen zu überleben, mit dem Willen, das unheilvolle Erbe des Krieges allmählich zu überwinden.

W. B—er.

Bereits am 8. Januar 1946 konnte die Braunschweiger Zeitung als zweite Zeitung der britischen Besatzungszone erscheinen und so kontinuierlich über das gesamte Jahr 1946 berichten.

Tatsächlich gelang es den unermüdlich Tätigen, entscheidend die Weichen für die Zukunft zu stellen, auch wenn der Eigenständigkeit keine lange Dauer mehr vergönnt war. Den Vorsitz im neuen Landtag führte bis zum 7. Mai 1946 Hubert Schlebusch. Ihm folgten bis zum 26. Juni 1946 Alfred Kubel und schließlich bis zur Auflösung des Landtages Wilhelm Rieke. Die Arbeit war nicht leicht zu bewältigen, nicht zuletzt aufgrund der massiven Einflußnahme der britischen Militärregierung. So berichtete die Braunschweiger Zeitung am 23. Februar 1946 über eine Rede des Vertreters der Militärregierung, Major Furminger, vor dem Braunschweigischen Landtag: »*Er erinnerte die Mitglieder des Landtages daran, daß sie ausschließlich für das Wohl der Braunschweiger Bevölkerung zu arbeiten haben. Parteipolitische Gesichtspunkte haben völlig in den Hintergrund zu treten. Diese Richtlinien seien schon in der ersten Sitzung des Landesrates bekanntgegeben worden. Trotzdem hätten sich aber Mitglieder des Landtages mit der politischen Konstellation des Landtages befaßt, von dem Gedanken ausgehend, einzig und allein die Ziele ihrer Partei zu besorgen. Sie hätten versucht, ihrer Partei einen Vorrang im Landtag zu verschaffen. Das sei unvereinbar mit demokratischen Prinzipien. Major Furminger machte darauf aufmerksam, daß die Militärregierung Mitglieder des Landtages entlassen und neue ernennen könne.*«

Gegen derartige Vorwürfe verwahrte sich der Landtag in einer Resolution entschieden, und der Sprecher, Alfred Kubel, betonte, daß der Landtag bereits eine Fülle praktischer Arbeit geleistet habe. Seit dem 7. Mai 1946 war Alfred Kubel braunschweigischer Ministerpräsident und sah sich den, im Einvernehmen mit der britischen Militärregierung betriebenen, hannoverschen Niedersachsen-Plänen gegenüber, die letztlich auch realisiert wurden. Sie schienen der Militärregierung als beste Lösung, jedoch sollten die Eigenarten der vier Bestandteile des neuen Landes weitestgehend erhalten bleiben. So reibungslos, wie dies unter nüchternem Hinweis auf die Verordnung Nr. 55, der sogenannten »*Geburtsurkunde*« des Landes Niedersachsen, stets dargestellt wurde und wird, war dieser Gründungsakt aber keineswegs verlaufen und verstanden worden. Hatte auch Hinrich Wilhelm Kopf in seiner Regierungserklärung am 9. Dezember 1946 erklärt: »*Das Land ist kein künstliches Gebilde, sondern durch die Stammesart seiner Bewohner, durch seine gleichartige Struktur, Tradition und wirtschaftliche Geschlossenheit ein organisch gewachsenes, zusammenhängendes Ganzes*«[1], so sollten die Volksabstimmungsergebnisse 1975 in Oldenburg und Schaumburg-Lippe nicht vergessen werden. Eine andere Stimme aus Braunschweig, nämlich der Abgeordnete Professor Dr. von Frankenberg, hörte sich bei der letzten Sitzung des Braunschweigischen Landtages folgendermaßen an: »*Dennoch geht nun die Weltgeschichte über dies Land dahin, das so viele Jahrhunderte seine Selbständigkeit bewahrt hat. Wohl sah der Kundige schon lange, daß eine Neuordnung der deutschen Länder kommen mußte. Aber wir hatten sie uns anders gewünscht! Wir hätten gern selbst mitentschieden, wären gern allmählich hineingewachsen in das größere Ganze, dem wir nun angehören sollen!*«[2] Diese Worte mögen manchen Zweckoptimismus der Gründungszeit relativieren, auch wenn Braunschweig im Gegensatz zu Oldenburg die Entscheidung letztlich nicht grundsätzlich in Frage gestellt hatte. Wichtiger dagegen erscheint uns heute, daß es in den wenigen Monaten einer geordneten Landtags- und Regierungsarbeit im Jahr 1946 durchaus gelungen war, dauerhafte Grundlagen für eine demokratische Entwicklung des Landes zu verankern. In diesem Sinne hatte auch der Vertreter der britischen Militärregierung, Group Captain Hicks, in der Schlußsitzung des Braunschweigischen Landtages das Ende der traditionellen Strukturen als Beginn der wirklichen Demokratie bezeichnet. Die Entwicklung der letzten 50 Jahre gab dieser Erwartung Recht, so daß der fünfzigste Jahrestag des Endes der Selbständigkeit Braunschweigs zwar zu kritischer Nachdenklichkeit beim Rückblick anregt, aber auch Anlaß zu dankbarer Zufriedenheit gegenüber dem fünfzigsten Jahrestag der Gründung des Landes Niedersachsen Anlaß bietet.

War am 1. November 1946 das Land Niedersachsen in die Geschichte eingetreten, so verabschiedete sich der Braunschweigische Landtag aus eben dieser Geschichte mit seiner Schlußsitzung am 21. November 1946 um 16.00 Uhr in der Aula der Kant-Hochschule in Braunschweig. Das Protokoll[3] verzeichnete als anwesend sämtliche Mitglieder des Landtages mit Ausnahme der Abgeordneten Böhme, Gahrus, Kroehl, Schulz und Wolters. Vom Staatsministerium waren neben Landesdirektor Schlebusch sämtliche Abteilungsleiter und Referenten erschienen. Außerdem waren zahlreiche Ehrengäste der Verwaltung von Stadt und Land Braunschweig geladen. Die britische Militärregierung war durch Group Captain Hicks, Captain Cocks und Mr. Edwards vertreten. Die Tagesordnung sah zwei Punkte vor, nämlich einen Vortrag von Professor Dr. von Frankenberg als *»Rückblick auf die Geschichte unseres Landes«* sowie Erklärungen der Fraktionsvorsitzenden. Zwischen beiden Tagesordnungspunkten eingebettet waren Reden von Group Captain Hicks und Ministerpräsident Alfred Kubel. Beide Ansprachen stellten sozusagen den offiziellen Schlußpunkt von Landtag und Land Braunschweig dar und sollen daher ergänzend zur Vortragsreihe wiedergegeben werden. Die Reden sind bedeutende Zeugnisse der jüngsten braunschweigischen Landesgeschichte und bilden den Spiegel, in dem die vergangenen 50 Jahre betrachtet und bewertet werden müssen — eine Aufgabe für jeden Einzelnen und von besonderem Wert für die jungen Menschen in unserem Land, geben diese Ansprache doch auch gute Vorbilder für demokratisches Bewußtsein in unserem Lande zu einer Zeit, in der wir uns erst *»auf dem Weg in die Demokratie«* befunden hatten.

Group Captain Hicks:

»Herr Ministerpräsident, meine Herren Kabinettsmitglieder, Landtagsabgeordnete, meine Damen und Herren!

Meine Teilnahme an der heutigen Sitzung bedeutet das Ende des Braunschweiger Landtages im Rahmen der neuen Länderreform, und ich empfinde das schon als ein etwas trauriges Ereignis.

Als Chef der Militärregierung im Lande Braunschweig möchte ich zunächst allen Landtagsabgeordneten meinen Dank aussprechen für die schwere Arbeit, die sie von Anfang an geleistet haben, sowie meine Bewunderung darüber, wie Sie sich alle mit einer Situation befaßt haben, die, wie ich selbst weiß, eine sehr schwierige gewesen ist.

Erwähnen möchte ich insbesondere die lobenswerte Zusammenarbeit der verschiedenen Fraktionen. Diese auffallende Zusammenarbeit hat die Durchführung einiger hervorragender Leistungen zur Folge gehabt.

Ich möchte betonen, daß das Ende des Landtages in seiner jetzigen Form durchaus nicht bedeutet, daß seine Mitglieder keinen Einfluß mehr auf Braunschweig oder auf das neue Land ausüben werden. Ich möchte lieber sagen, daß dieses Ende den Beginn der wirklichen Demokratie kennzeichnet, da es klar auf der Hand liegt, daß die deutsche Selbstverwaltung zunehmende Autorität übernehmen wird.

Dies ist tatsächlich der Anfang einer örtlichen Autonomie, und meines Erachtens braucht das deutsche Volk diese neue Einrichtung keineswegs zu befürchten, denn es muß die vielen Vorteile einsehen, die daraus hervorgehen.

Ich will ehrlich sagen, ich vermag mir überhaupt keine grundsätzlichen Nachteile vorzustellen, die sich aus dem Zusammenschluß der Länder Oldenburg, Schaumburg-Lippe, Hannover und Braunschweig ergeben könnten. Trotz aller politisch-wirtschaftlichen Vereinigungen wird Braunschweig doch in allen Herzen und Gedanken weiterleben, denn Traditionen gehen nicht leicht zugrunde. Solange Braunschweig im neuen Landtag stark vertreten ist, solange wird es auch seine Individualität bewahren.

Ich möchte diese Gelegenheit wahrnehmen, um mich bei Herrn Ministerpräsident Kubel und den Mitgliedern seines Kabinetts zu bedanken. Während Ihrer Amtszeit habe ich mit Ihnen sehr gern zusammengearbeitet und kann nun wahrhaftig sagen, daß meine Beziehungen zu Ihnen, und besonders zu Ihnen, Herr Kubel, sehr freundschaftlich gewesen sind. Wenn es auch ab und zu Meinungsverschiedenheiten gegeben haben mag, so haben wir doch immer engen Kontakt gehalten. Ich glaube, daß wir beide sagen können: Wir haben uns verstanden!

Danken will ich anschließend auch Herrn Schlebusch, dem Oberhaupt der örtlichen Verwaltung. Ihnen, Herr Schlebusch, möchte ich meine Anerkennung zum Ausdruck bringen wegen Ihrer redlichen Eigenschaften und wegen der vortrefflichen Weise, wie Sie sich für die Einwohner dieses Landes eingesetzt haben. Ich wünsche Ihnen allen Erfolg für die Zukunft.

Indem ich mich offiziell verabschiede, will ich hoffen, wie Sie sicher alle hoffen, daß das neue Land Niedersachsen und vor allen Dingen Braunschweig, einer glücklicheren und besseren Zukunft entgegensehen.

Ihnen allen wünsche ich alles Gute und Gottes Segen, in welchen Sphären und Positionen des öffentlichen Lebens Sie sich auch befinden mögen. Und nochmals herzlichen Dank!

Hiermit erkläre ich den Landtag für aufgelöst und seine Kabinettsmitglieder ihrer Pflichten entbunden.«

Ministerpräsident Alfred Kubel:

»Group Captain — meine Herren von der Militärregierung, meine Damen und Herren! Ich möchte zunächst dem Kommandeur für seine an uns gerichteten Worte danken. Es ist wahr, daß die Zusammenarbeit zwischen dem Kabinett und den Dienststellen der Militärregierung gut gewesen ist. Ich würde mich sehr freuen, wenn diese Zusammenarbeit dazu hat beitragen können, manche Schwierigkeiten des Landes Braunschweig zu lindern und mindestens für ein besseres Verständnis bei der Militärregierung für deutsche Angelegenheiten zu erzielen. Ich möchte bei dieser Gelegenheit sagen, daß wir dem niedersächsischen Kabinett mit der Hoffnung entgegensehen, daß es ihm vergönnt sein möge, in weit höherem Maße, als es bisher der Fall gewesen ist, ein wirklich regierendes Kabinett zu werden und so allmählich von dem Zustand einer beratenden Tätigkeit gegenüber der Militärregierung zu einer regierenden Tätigkeit fortzuschreiten. Der Group Captain hat in einem Nebensatz seiner Ansprache darauf hingewiesen, daß es zwischen ihm und mir gelegentlich auch Meinungsverschiedenheiten gegeben hat. Ich glaube, Group Captain, meine Damen und Herren, das wird niemanden verwundern, denn es ist klar, daß ich die deutschen Angelegenheiten manchmal mit anderen Augen ansehen mußte, als Group Captain Hicks und seine Mitarbeiter es trotz allem guten Willen tun konnten. Bei allem Willen, mich von irgendeiner Schmeichelei gegenüber der Militärregierung fernzuhalten, kann ich es doch vor meinem Gewissen verantworten, hier auszusprechen, daß die Braunschweiger Bevölkerung Ursache hat, den guten Willen sowohl des Kommandeurs als auch seiner Mitarbeiter, uns ihm Rahmen ihrer Kompetenzen und im Rahmen der gegebenen Möglichkeiten zu helfen, anzuerkennen. Ich sage damit nicht, daß wir schon bereit sein können, mit den Leistungen der Militärregierung insgesamt als deutsche Demokraten einverstanden zu sein. Aber es wäre für mich eine sehr große Beruhigung, wenn ich durch wachsende Erfahrung einmal feststellen könnte, daß alle Männer der Militärregierung vom gleichen guten Willen beseelt wären, wie ich ihn ganz ohne Frage beim Hauptquartier der Militärregierung Braunschweig-Land angetroffen habe. So empfinde ich es als meine Pflicht, im Namen des Kabinetts hierfür der Militärregierung Braunschweig-Land unseren Dank auszusprechen, und ich darf wohl annehmen, daß auch dieser Landtag, der heute zum letzten Male zusammen ist, sich diesem Dank anschließt.

Wir stehen nun vor der Aufgabe, das Land Niedersachsen wirklich zu dem zu machen, was Generalleutnant Robertson in ihm sieht oder sehen möchte. Nicht ein Land, das durch Annexionen Hannovers zustande gekommen ist, sondern ein

Land, das eine Union der verschiedenen bisherigen Länder darstellt. Die Braunschweiger Bevölkerung, die maßgeblichen Herren im neuen Lande Niedersachsen, die Militärregierung und auch die Kontrollkommission kennen unsere Vorschläge, nach deren Verwirklichung auch wir Braunschweiger und Oldenburger die größtmögliche Gewähr dafür haben, daß das, was in unseren Ländern gut war, erhalten bleibt und daß andererseits die unbestreitbaren Vorzüge eines größeren Landes der braunschweigischen und oldenburgischen Bevölkerung gleich manche Erleichterung verschaffen können. Sie mögen aus diesen Worten entnehmen, daß wir uns nicht als Geschlagene betrachten, sondern daß wir bereit sind zu einer ehrlichen Aufbauarbeit im Rahmen des neuen Landes, und es ist dabei so selbstverständlich, daß man es eigentlich nicht aussprechen müssen sollte, daß wir die gleiche sachliche Bereitschaft auch von den maßgeblichen Herren des bisherigen Landes Hannover erwarten. Ich möchte nicht noch einmal alles wiederholen, was wir grundsätzlich zu der erfolgten Länderreform zu sagen haben. Ich möchte Ihnen nur versichern, daß von denen, die die Ehre hatten, beim Plan zur Länderreform mitzuarbeiten, alles Erdenkliche geschehen ist, um unseren besonderen Interessen Gehör zu verschaffen. Wir können uns allerdings des Gefühls eines gewissen Bedauerns nicht erwehren, daß die Kontrollkommission mit ihrer Entscheidung, die vier Länder Hannover, Oldenburg, Schaumburg-Lippe und Braunschweig zum Lande Niedersachsen zusammenzufassen, nicht zugleich festgelegt hat, wie die verwaltungsmäßige Gliederung dieses Gebietes erfolgen soll und wie vor allem die Kompetenzverteilung zwischen der Zentralregierung dieses Landes, der Mittelinstanz und den Kreisen in großen Zügen wenigstens geregelt werden soll. Die Kontrollkommission hätte das auf Grund der ihr vorliegenden Gutachten ohne weiteres tun können.

Es klingt für deutsche Ohren sehr angenehm, wenn wir hören, daß die Kontrollkommission diese wichtigere Frage den deutschen Stellen zur Entscheidung überlassen wollte. Doch scheint es uns ein wenig inkonsequent insofern, als man entweder das Ganze, also auch die Frage der Länderreform, allein vom Willen des deutschen Volkes bestimmen lassen sollte, oder aber — da die Verwaltungsreform weit wichtiger ist als das Ziehen neuer Ländergrenzen — über diesen wichtigeren Punkt gleichfalls zu entscheiden.

Das Braunschweiger Kabinett und die Herren der Braunschweiger Staatsverwaltung haben sich eingehend mit diesen Fragen befaßt, und ich habe die Ehre, Ihnen eine kurze Erklärung des Braunschweiger Kabinetts zur Frage der verwaltungsmäßigen Gliederung Niedersachsens zur Kenntnis zu geben. In dieser Erklärung wiederholen wir manches, was Ihnen als unser Vorschlag längst bekannt ist. Besonders hervorheben möchte ich noch aus dieser Erklärung die Frage: Wie soll die Verwaltung der Vermögen der bisherigen Länder in Zukunft erfolgen? Ich darf hierzu vorweg schicken, daß das Land Braunschweig zu den reichsten Ländern Deutschlands gehörte und wohl noch gehört. Dieses Vermögen — sofern nach dem trostlosen Zusammenbruch Deutschlands überhaupt von einem Vermögen noch die Rede sein kann — beruht z. T. auf vorhandenen Naturschätzen. Es beruht aber nicht zuletzt auf dem Fleiß und der Arbeitsamkeit der Braunschweiger Bevölkerung. Selbst soweit es aus ehemaligem Besitz des Braunschweiger Herzoghauses stammt, glaube ich nicht zuviel zu sagen, wenn ich feststelle, daß schließlich auch dieser Besitz nicht unerheblich durch Schweiß, Blut und Tränen der Braunschweiger Untertanen zusammengekittet worden ist.

Es ist unsere Pflicht, dafür zu sorgen, daß bei dieser Länderreform diejenigen die bevorzugten Nutznießer der einzelnen Staatsvermögen bleiben, die sie geschaffen haben. Aus diesem Grunde werden Sie in der nachfolgenden Erklärung die Forderung finden, daß diese Vermögen im Rahmen einer Selbstverwaltung den neu zu schaffenden Landschaften unseres Gebietes unterstellt werden. Ich darf Sie einmal mit einigen Zahlen bekannt machen:

Das Vermögen des ehemaligen Landes Braunschweig, das nur wenig mehr als normalerweise 500000 Einwohner hatte, beträgt etwa 420 Millionen Mark bei etwa 50 Millionen Schulden. Selbst wenn wir hiervon den Wert der Landstraßen 1. Ordnung mit 100 Millionen etwa absetzen und auch wenn wir die Schulden berücksichtigen, bleibt in runden Zahlen ausgedrückt noch ein Vermögen von etwa 270 Millionen Mark als braunschweigisches Staatsvermögen übrig. Hierin enthalten sind nicht die praktisch nicht abschätzbaren künstlerischen Werte der braunschweigischen Museen und Bibliotheken, die man etwa zur Hälfte dem Land Braunschweig und zur anderen Hälfte den Kreisen und kreisfreien Städten zurechnen kann. Ein Institut wie die Braunschweigische Staatsbank, das als älteste Staatsbank des gesamten Deutschen Reiches gilt, muß in das Land Niedersachsen so eingebaut werden, daß es dem ganzen Land dienstbar gemacht wird.

Ich möchte, meine Damen und Herren, gerade jetzt nicht auf Details eingehen. Ich bitte Sie um das Vertrauen, daß diejenigen von Ihnen, die im niedersächsischen Landtag vertreten sind, in all diesen Fragen sehr aufmerksam sein werden, und ich glaube, daß die Wahrung unserer Braunschweiger Interessen auf wirtschaftlichem Gebiet sich gleichfalls mit den Interessen des gesamten Landes Niedersachsen vereinbaren lassen müssen.

Lassen Sie mich ebenso das Gebiet der Kultur und der Erziehung streifen. Die braunschweigische Schulgesetzgebung ist im ganzen Deutschen Reich als vorbildlich anerkannt worden. Das gilt nicht zuletzt auch für unser ausgezeichnetes Berufsschulwesen. Das braunschweigische Landestheater und die Braunschweigische Technische Hochschule sind Institute, die in ganz Deutschland einen ausgezeichneten Ruf haben. Ich freue mich, Ihnen hier mitteilen zu können, daß die für diese Dinge maßgeblichen Kräfte im Lande Niedersachsen uns bereits Zusicherungen gegeben haben, nach denen diese unseren kulturellen Institute an Bedeutung nicht nur nicht verlieren, sondern daß auch diese Institute für das ganze Land Niedersachsen an Bedeutung gewinnen werden. Das Gleiche gilt ganz besonders auch für die Hochschule für Lehrerbildung. Gestatten Sie mir nun, daß ich Ihnen die Erklärung des Braunschweiger Kabinetts zur Kenntnis bringe:

›Erklärung

des Braunschw. Kabinetts zur Frage der verwaltungsmäßigen Gliederung Niedersachsens gelegentlich der Abschlußsitzung des Braunschw. Landtag am 21. 11. 46.

Das Braunschweigische Kabinett unterbreitet für die verwaltungsmäßige Gliederung des Landes Niedersachsen die nachstehenden Vorschläge.

Die Vorschläge erheben keinen Anspruch darauf, einen vollständigen Plan für die Verwaltungsgliederung zu umreißen; sie entspringen nur dem Wunsche, daß den Worten des Herrn Generalleutnant Robertson, mit denen er die Entscheidung der Kontrollkommission zur Frage der Länderreform vor dem Zonenbeirat in Hamburg bekanntgab, im Interesse der zusammengeschlossenen Länder, aber auch im Interesse einer demokratischen Verwaltung Niedersachsens Rechnung getragen werden möge. Herr Generalleutnant Robertson führte aus, daß das Land Niedersachsen nicht durch Annexion der drei kleinen Länder durch das größere Land Hannover entstehen solle, sondern daß es vielmehr eine Union der verschiedenen Gebiete darstellen müsse. Diesem Begriff Union entspricht es, wenn die Eigenarten sowohl in kultureller als auch wirtschaftlicher Beziehung, die den einzelnen Gebieten Niedersachsens eigentümlich sind, durch einen verwaltungsmäßigen Aufbau insoweit gesichert werden, als das dem übergeordneten Gesamtinteresse des Landes Niedersachsen nicht widerspricht.

Die grundsätzliche Einstellung des Braunschweigischen Kabinetts zur Frage des Verwaltungsaufbaues wird als bekannt vorausgesetzt. Im einzelnen bittet das Kabinett das künftige Kabinett Niedersachsens oder das Gremium, das zur Ausarbeitung von Vorschlägen für die verwaltungsmäßige Gliederung dieses neuen Großlandes von der Militärregirung aufgefordert werden sollte, nachstehende Punkte zu beachten:

1. *Die Durchführung einer Verwaltungsreform ist für das Land Niedersachsen eine der vordringlichsten Arbeiten. Die Länderreform verliert ihren Sinn im wesentlichen, wenn ihr nicht sofort eine vernünftige Verwaltungsreform folgt.*

2. *Das Land Niedersachsen sollte in 3 bis 4 mittlere Verwaltungsbezirke eingeteilt werden.*

3. *Diese Verwaltungsbezirke müssen gleichzeitig Mittelstufen sowohl der echten Reichssonderverwaltungen als auch der Sonderverwaltungen sein, die zeitbedingt eingerichtet worden sind.*

4. *Diese Verwaltungsgebiete können den Namen ›Landschaft‹ tragen.*

5. *Sie haben nicht nur Mitglieder der Staatsverwaltung, sondern zugleich Organ demokratischer Selbstverwaltung zu sein.*

6. *Diese Selbstverwaltung soll nicht nur die sozialen und kulturellen Einrichtungen, sondern auch das für die Aufrechterhaltung eines kommunalen Eigenlebens in der Mittelinstanz erforderliche Vermögen der aufgelösten Länder umfassen.*

7. An der Spitze der Landschaft soll zur Regelung der Selbstverwaltungsaufgaben in der Landschaft ein Landschaftstag stehen. Dieser Landschaftstag schlägt der Landesregierung auch den Landschaftspräsidenten vor. Die Landesregierung hat das Recht der Bestätigung.

8. Der Landschaftspräsident ist das Organ der Landesregierung.

9. An der Spitze der Mittelinstanz als Selbstverwaltungs-Körperschaft steht der Oberlandschaftsdirektor, der vom Landschaftstag gewählt wird. Dieser Oberlandschaftsdirektor untersteht der Aufsicht der Landesregierung über den Landschafts-Präsidenten. Hinsichtlich seiner Selbstverwaltungsaufgaben ist er allein dem Landschaftstag verantwortlich.

10. Im Rahmen der Landschaft werden gleichfalls für die Landschaft zuständige Wirtschaftsvertretungen errichtet, wie z. B. für Industrie und Handel, Handwerk, Landwirtschaft u. a.

11. Als Übergangsregelung überträgt die Regierung des Landes Niedersachsen der Verwaltung des bisherigen Landes Braunschweig weitestgehend alle Befugnisse, die es als Land bisher gehabt hat, mit Ausnahme der Gesetzgebung. Ein besonderer Verordnungsentwurf hierfür ist in der Anlage beigefügt.

12. Das neu zu ernennende Kabinett des Landes Niedersachsen wird aufgefordert, unverzüglich Spezialausschüsse zur Vorbereitung dieser Verwaltungsreform einzuberufen, und zwar je einen Ausschuß

a) zur Festlegung der geographischen Gebiete der Landschaften im Lande Niedersachsen;

b) zur Kompetenzverteilung zwischen Landesregierung, Landschaft, Kreis und Gemeinde;

c) Zur Regelung der vermögensrechtlichen Fragen, die durch die Zusammenlegung der 4 Länder auftreten.

13. Das Land Braunschweig will sich an diesen Ausschüssen mit folgenden Herren beteiligen:

Ausschuß a) Oberbürgermeister Böhme, Regierungsdirektor Prof. Frohne;

Ausschuß b) Landesdirektor Schlebusch, Oberkreisdirektor Voigt, Oberstadtdirektor Recker

Ausschuß c) Regierungsdirektor Dr. Mössner, Oberkreisdirektor Rönneburg, Regierungsrat Kohlstock.

Es wird erwartet, daß die aus dem bisherigen Lande Braunschweig stammenden 10 Mitglieder des Niedersächsischen Landtages gemeinsam mit den Mitgliedern des letzten Braunschweigischen Kabinetts alles daran setzen werden, die in der vorstehenden Erklärung zusammengefaßten Vorschläge zu vertreten.‹

Meine Herren der Militärregierung, meine Damen und Herren: Das ist es, was wir uns als Marschroute bei den kommenden

Diskussionen selber gegeben haben. Dieser Landtag kann zu diesem Punkt nicht mehr diskutieren. Wir können auch nicht durch Abstimmung feststellen, wie weit diese Forderungen von diesem Gremium gebilligt werden. Ich habe aber die feste Zuversicht, daß sowohl Sie, meine Damen und Herren, als auch das gesamte Braunschweiger Volk diese Forderungen billigen und anerkennen mögen, daß sie nicht von dem Braunschweiger Eigennutz diktiert sind, sondern daß sie unserem neuen Lande, dem großen Land Niedersachsen, ebenso dienlich sind.«

»Verordnung zur Durchführung des Artikels VII der Verordnung Nr. 55 des britischen Kontrollrates betr. Bildung des Landes Niedersachsen.

§ 1

Das bisherige Land Braunschweig führt die Bezeichnung ›Landschaft‹ unbeschadet etwaiger Änderungen seiner Grenzen.

§ 2

Der oberste Verwaltungsbeamte der Landschaft ist verpflichtet, sämtliche Befugnisse zur Erhaltung des Staatsvermögens, der Stiftungen, Anstalten und Beteiligungen des bisherigen Landes Braunschweig sowie sämtliche Verwaltungsaufgaben wahrzunehmen, soweit sie bisher der braunschweigischen Staatsverwaltung oblagen.

§ 3

Diese Verordnung bleibt in Kraft bis zur endgültigen Regelung der Zuständigkeiten der Landschaft Braunschweig im Lande Niedersachsen«.

Anmerkungen

1 Zitiert nach *»Wir sind die Niedersachsen! Wer sind die Niedersachsen?«* Begleitheft zur Ausstellung im Historischen Museum Hannover. Hannover 1996 (Schriften des Historischen Museums Hannover, Heft 10), S. 21.

2 Protokoll der Schlußsitzung des Braunschweigischen Landtages am 21. November 1946, S. 5. NSTAW 23-A-Neu 15.

3 Die Materialien zu diesem Thema und das Protokoll unter der Archivbezeichnung 23-A-Neu 15 wurde freundlicherweise vom Niedersächsischen Staatsarchiv Wolfenbüttel zur Verfügung gestellt. Hierfür sowie für die Druckgenehmigung dankt der Autor ganz besonders Herrn Ltd. Staatsarchivdirektor Dr. Horst-Rüdiger Jarck, Wolfenbüttel.

Braunschweigische Tradition der Naturwissenschaft: der Mathematiker Carl Friedrich Gauß (1777 — 1855).

»Die Idee vom Land Braunschweig als Kulturstaat«: **der Schriftsteller Gotthold Ephraim Lessing (1729 — 1781).**

Impressum

REDAKTION:

Stephanie Borrmann — Hans-Jürgen Derda — Angela Klein
in Verbindung mit Irmela Biegel, Peter Former und Johannes Graf

UMSCHLAG:

Gerd Biegel

TEXTERFASSUNG:

Gisela Kießler — Ursula Schrader

ABBILDUNGSNACHWEIS:

Archiv Peter Former (1); Archiv Karl-Joachim Krause (1); Braunschweigisches Landesmuseum, Ingeborg Simon (26); Braunschweigisches Landesmuseum, Sammlung Willi Birker (9); Herzog August Bibliothek Wolfenbüttel, Robert Frisch (1); KWSBB (4); Henning Noske: Umschlag; Stadtarchiv Braunschweig (9); Stadt Braunschweig, Vermessungsamt (1); Abb. Otto Bennemann aus: Carsten Grabenhorst, Otto Bennemann. Beitrag zu einer politischen Biographie. Braunschweig 1991, S. 72; Abb. Volkshochschule Braunschweig aus: Braunschweigischer Kalender 1981; Abb. Aufführungen *»Die Maienkönigin«, »Madame Butterfly«, »Nathan der Weise«* aus: Paul Albrecht Schmücking, 1940 — 1954 im Staatstheater Braunschweig. Braunschweig 1954, S. 36, 39, 37.

GESAMTHERSTELLUNG:

Heckner Druck- und Verlagsgesellschaft, Wolfenbüttel

ISBN 3-927939-33-1